ÉTONNANT*iss!mes*

ÉTONNANTISS!MES

Cinq Histoires d'amour et de chevalerie

D'après les *Lais* de Marie de France

Adaptation de la traduction d'Alexandre Micha et dossier par Isabelle PÉRIER

Illustrations par NADEL

Flammarion

Étonnantissimes, une série
de la collection « Étonnants Classiques »
ISBN : 978-2-0812-5002-4

Avant de commencer

D'où ça vient ?

Tu te demandes sans doute d'où viennent les textes que tu as entre les mains et qui les a rédigés.

Ce sont d'anciennes histoires, écrites au milieu du XIIe siècle, dans une langue appelée « ancien français » – la langue qui était utilisée au Moyen Âge, et qui est différente de celle que nous parlons aujourd'hui. Aussi, pour être plus accessibles, ces récits ont été traduits, et même adaptés.

De quoi s'agit-il ?

Ils se nomment « lais ». Ce mot très ancien a une origine celtique : on pense qu'il signifiait « chant ». En effet, initialement, ces histoires n'étaient pas destinées à être lues mais accompagnées de musique et chantées : on parle de « littérature orale », c'est-à-dire interprétée par des conteurs, ou plutôt par des poètes appelés « trouvères » au nord de la France et « troubadours » dans le Sud.

Une Française à la cour du roi d'Angleterre

Les cinq textes que tu t'apprêtes à lire font partie d'un ensemble de douze lais composés par une certaine Marie de France. Sur elle, nous savons très peu de choses, hélas ! Nous pensons qu'elle a vécu et écrit à Londres, à la cour du roi d'Angleterre, Henri II.

Une Marie, « de France », à la cour d'Angleterre, qui compose des récits en français… ! Cela te surprend ? Sache que, à cette époque, à la cour d'Angleterre, on parlait « français ». En effet, le plus souvent, famille royale et noblesse de cour y étaient issues de France, tout particulièrement de Normandie, car c'est le duc de Normandie, Guillaume le Conquérant, qui, cent ans auparavant, avait conquis l'Angleterre.

Des récits merveilleux…

Au cours de ta lecture, tu croiseras un loup-garou, une belle dame mystérieuse, une île légendaire, une plante capable de réveiller les morts… autant de merveilles qui faisaient rêver les hommes et les femmes du Moyen Âge.

… pour mieux connaître la vie au Moyen Âge

Tu apprendras comment on vivait à cette époque, quelle était l'existence des chevaliers et dames de la noblesse, dont le comportement avait valeur de modèle pour la société ; tu connaîtras leurs qualités, leurs défauts, mais aussi leur religion ; tu découvriras comment se réglait un procès en justice ; enfin, tu te familiariseras avec le vocabulaire de la civilisation médiévale, grâce au lexique situé p. 93.

Des histoires d'amour courtois...

Toutes ces histoires ont un point commun : elles nous parlent de l'amour au Moyen Âge. Cet amour, ou plutôt cette passion, qui lie un homme à son amie et qui est plus précieux que tout, est ce qu'on appelle l'amour courtois : il est régi par des règles qui imitent celles de la vassalité. L'amant courtois fait de celle dont il est amoureux sa dame, sa « domna » (du latin *domina*, « maîtresse, souveraine »), c'est-à-dire sa suzeraine au sens féodal : l'homme effectue auprès de sa dame un service d'amour. Il se plie à tous ses désirs et son seul but est de mériter ses faveurs. L'amour courtois eut tant d'importance qu'on en parle encore aujourd'hui.

... et de chevalerie

Toutes ces histoires présentent des preux chevaliers. Mais qu'est-ce qu'un chevalier ? Comme son nom l'indique, c'est un guerrier à cheval dont le rôle est de combattre pour son seigneur afin de protéger les habitants de la seigneurie. Il est armé d'une lance, d'une épée et d'un écu, et protégé par une armure. Tout cet équipement coûte cher et le distingue du reste des hommes – paysans ou bourgeois. En effet, être chevalier c'est appartenir à la petite noblesse. Et comment devient-on chevalier ? Il s'agit d'un long apprentissage. Le jeune garçon commence par être page puis écuyer d'un chevalier, qui lui apprend ce qu'il doit savoir. Ensuite vient la cérémonie d'adoubement : après une nuit de prières, le jeune homme prête serment au seigneur qu'il s'apprête à servir et se voit remettre ses armes. Dès lors, on attend de lui qu'il se comporte en vrai chevalier, pieux, brave, courtois, fidèle à son seigneur.

Mais le temps passe ! Il faut maintenant laisser la place à Marie. Écoute ses récits et rêve avec elle.

L'aventure d'un autre lai,
Com ele avint, vus cunterai.
Fait fu d'un mut gentil vassal :
En bretans l'apelent Lanval…

Cinq Histoires d'amour et de chevalerie

Bisclavret

Autrefois, on entendait raconter – et l'aventure arrivait fréquemment – que des hommes se transformaient en loups-garous et demeuraient dans les bois. Le loup-garou est une bête sauvage ; elle dévore les hommes, fait le plus grand mal et hante les forêts profondes. Voici l'histoire de Bisclavret.

En Bretagne demeurait un seigneur. C'était un beau et brave chevalier qui se conduisait noblement. Il était très proche de son roi et apprécié de tous ses voisins. Il avait une femme très respectable et très séduisante. Il l'aimait et elle l'aimait. Cependant une chose inquiétait beaucoup son épouse : son mari disparaissait chaque semaine pendant trois jours et elle ne savait ni ce qu'il devenait ni où il allait. Et aucun des siens n'en savait rien non plus.

Un jour, alors qu'il rentrait chez lui, joyeux et de bonne humeur, sa femme lui demanda : « Seigneur, mon doux ami, j'aimerais vous poser une question, si j'osais ; mais je crains plus que tout votre colère. » À ces mots, il l'enlaça et lui donna un baiser.

« Dame, dit-il, posez donc votre question. J'y répondrai si je le peux.

— Ma foi, répliqua-t-elle, je suis soulagée. Je suis tellement inquiète les jours où vous me quittez. J'éprouve une si vive douleur et j'ai si peur de vous perdre que je pourrais en mourir si vous ne me rassuriez. Dites-moi où vous allez et où vous demeurez. Il me semble que vous aimez une autre femme et, si tel est le cas, vous commettez une faute.

— Dame, répondit-il, au nom de Dieu, pitié ! Si je vous dis ce qu'il m'arrive, je suis perdu et vous ne m'aimerez plus. »

La dame comprit bien qu'il ne plaisantait pas. Elle lui posa plusieurs fois la question, le câlina et le flatta tant qu'il lui raconta tout sans rien lui cacher. « Je deviens loup-garou, je me tapis dans cette grande forêt, au plus profond des bois et je me nourris en chassant et en volant. » Quand il lui eut tout raconté, elle lui demanda s'il se déshabillait ou s'il gardait ses vêtements lorsqu'il partait ainsi.

« J'y vais tout nu, répondit-il.

— Au nom de Dieu, dites-moi ce que vous faites de vos vêtements.

— Dame, je ne vous le dirai pas, car si je les perdais et si on découvrait la vérité, je resterais loup-garou à tout jamais. Avant qu'on m'ait rendu mes habits, il me serait impossible de recouvrer ma forme humaine.

— Seigneur, lui répondit la dame, je vous aime plus que tout au monde : vous ne devez rien me cacher ni rien craindre de moi, sinon c'est que vous ne m'aimez pas ! Qu'ai-je fait de mal ? Quelle faute ai-je commise pour vous rendre si méfiant à mon encontre ? Dites-moi votre secret ! »

Elle le tourmenta et le harcela tant qu'il ne put se dérober et lui avoua tout. « Dame, dit-il, près de ce bois et près du chemin que j'emprunte, il y a une vieille chapelle qui m'est bien utile : là, sous un buisson, se trouve une large pierre, dont l'intérieur est vide. J'y dépose mes vêtements jusqu'à mon retour à la maison. » En entendant cette histoire incroyable, la dame rougit de peur, épouvantée. Elle songea au moyen de se séparer de son mari, car elle ne voulait plus partager son lit. Or, un chevalier de la contrée, qui l'aimait depuis longtemps, la poursuivait de ses prières et lui offrait ses services. Elle ne l'avait jusque-là jamais assuré de son amour. Elle l'envoya chercher par un messager et lui ouvrit son cœur.

« Ami, fit-elle, soyez content ! Je vous accorde dès aujourd'hui ce que vous avez longtemps désiré. Vous ne connaîtrez plus d'obstacle. Je vous donne mon amour et ma personne. Faites de moi votre amie. » Il l'en remercia. Elle lui raconta alors comment son mari s'absentait et ce qu'il devenait. Elle lui indiqua le chemin qu'il empruntait pour aller dans la forêt et l'envoya chercher ses vêtements. C'est ainsi que

Bisclavret fut trahi par sa femme. Comme il lui arrivait souvent de disparaître, tout le monde crut qu'il avait définitivement quitté le pays. On se mit à sa recherche et on tenta de réunir des informations à son sujet, mais on ne put rien trouver et on dut abandonner. Le chevalier, quant à lui, épousa la dame qu'il aimait depuis si longtemps.

Les choses en restèrent là pendant une année entière, jusqu'au jour où le roi alla chasser. Il se rendit dans la forêt où se trouvait le loup-garou. Quand les chiens furent lâchés, ils rencontrèrent la bête ; chiens et veneurs la poursuivirent toute la journée et faillirent la capturer et la blesser. Dès que le loup-garou aperçut le roi, il courut vers lui pour implorer sa pitié. Il attrapa l'étrier et lui baisa la jambe et le pied. À sa vue, le roi eut très peur et appela ses compagnons.

« Seigneurs, dit-il, approchez ! Regardez cette merveille, comme cette bête se prosterne ! Elle a l'intelligence d'un homme. Elle demande grâce. Chassez-moi tous ces chiens et que personne ne la touche. Elle est douée d'intelligence et de raison. Dépêchez-vous, allons-nous-en ! Je la protégerai et je ne chasserai plus de la journée. »

Le roi s'en retourna chez lui. Le loup-garou le suivait de près, se tenant à son côté, refusant de s'éloigner et de le quitter. Ravi, le souverain l'emmena dans son château, car il n'avait jamais rien vu de pareil. C'était extraordinaire ! S'étant pris d'affection pour la bête, il ordonna à tous ses gens, au nom de l'amour qu'ils lui portaient, de veiller attentivement sur elle, de ne lui faire aucun mal et de lui donner à boire et à manger. Les chevaliers l'entourèrent de soins. Elle prit l'habitude de se coucher parmi eux, à proximité du roi. Tous l'appréciaient pour sa loyauté et sa gentillesse. Jamais elle ne songea à faire de mal. Elle suivait le seigneur dans tous ses déplacements et refusait de le quitter : ce dernier comprit qu'elle l'aimait beaucoup.

Le roi réunit un jour à sa cour tous les barons auxquels il avait donné un fief, afin que la fête eût plus d'éclat et de solennité. Le chevalier qui avait épousé la femme du loup-garou s'y rendit en riche équipage. Il ne s'imaginait pas qu'il allait tomber sur le mari ! Dès qu'il entra au palais et que la bête l'aperçut, celle-ci, d'un bond, se jeta sur lui, le saisit de ses crocs et le tira à lui. Si le roi ne l'avait pas rappelée et menacée d'un coup de bâton, elle lui aurait fait encore plus mal. À deux reprises dans la journée la bête essaya de mordre le chevalier. Beaucoup de personnes en furent étonnées, car elle ne s'était jamais comportée de cette façon envers quiconque. Dans le palais, tous dirent que ce n'était pas sans raison : le chevalier lui avait sans doute fait du tort, d'une manière ou d'une autre, puisqu'elle avait envie de se venger.

Les choses en restèrent là pour cette fois. La fête s'acheva, les barons prirent congé et rentrèrent chez eux. Le chevalier que le loup-garou avait attaqué s'en alla parmi les tout premiers.

Peu de temps après, le roi alla avec la bête dans la forêt où il l'avait trouvée. Le soir, sur le chemin du retour, il logea dans la région. La femme du loup-garou l'apprit. Le lendemain, après s'être richement parée, elle alla trouver le roi et lui apporta un magnifique cadeau. Quand le loup-garou la vit venir, on ne put le retenir, il fonça sur elle, plein de rage. Voyez comme il réussit à se venger ! Il lui arracha le nez. Pouvait-il faire pire ? On le menaça de tous côtés et on l'aurait sans doute tué, sans l'intervention d'un homme sage, qui dit au roi : « Sire, écoutez-moi ! Cette bête a vécu près de vous, nous tous, nous la voyons et la côtoyons depuis longtemps. Jamais elle n'a touché ni trahi personne, sauf la dame que je vois ici. Croyez-moi, elle a un motif pour être en colère contre celle-ci et contre son mari. C'est l'épouse du chevalier pour qui vous aviez tant d'affection, dont on a perdu la trace depuis si longtemps et dont on ne sait ce qu'il est advenu. Soumettez la dame à un interrogatoire pour obtenir quelque aveu et savoir pourquoi la bête la hait tellement. »

Le roi se rangea à son conseil et soumit la dame à la torture. Sous l'effet de la souffrance et de la peur, elle lui avoua tout sur son précédent mari : comment elle l'avait trahi et lui avait dérobé ses vêtements, le secret qu'il lui avait révélé, ce qu'il devenait, où il allait. Elle ajouta qu'il avait disparu le jour où elle lui avait pris ses habits. Elle était persuadée que la bête qui l'avait attaquée était son loup-garou.

Le roi obligea la dame à apporter les vêtements dérobés et les fit remettre au loup-garou. Quand il les eut devant lui, il s'en désintéressa. Le vieux sage qui avait déjà conseillé le roi dit : « Sire, ce n'est pas ainsi qu'il faut agir ! Pour rien au monde, il n'accepterait de s'habiller et de changer d'aspect devant vous. Il en éprouverait une grande gêne. Faites-le conduire dans vos appartements et faites-lui apporter ses habits ; laissons-le là un moment, nous verrons bien s'il redevient un homme. »

Le roi accompagna lui-même la bête et ferma toutes les portes derrière lui. Au bout d'un moment, il alla le retrouver, avec deux barons. Tous trois entrèrent dans la chambre et virent le chevalier sur le lit du roi. Celui-ci courut l'embrasser plus de cent fois. Dès que cela lui fut possible, il lui rendit toutes ses terres et lui donna plus encore.

Quant à la femme, il la chassa du pays. Elle partit avec l'homme pour lequel elle avait trahi son mari. Ils eurent beaucoup d'enfants. On les reconnaissait facilement à leur visage : plusieurs femmes de cette famille naquirent sans nez, c'est la pure vérité !

Lanval

Voici l'histoire d'un noble chevalier qui, en breton, se nomme Lanval.

Le roi Arthur séjournait à Carduel à la Pentecôte, à la belle saison. Il offrit de somptueux cadeaux à ses comtes, à ses barons et aux chevaliers de la Table ronde, qui surpassaient tous les chevaliers du monde ! Il donna femmes et terres à tous, sauf à l'un d'eux : c'était Lanval. Et personne ne lui fit remarquer cet oubli car beaucoup jalousaient la valeur, la générosité, la beauté et le courage de ce chevalier. Certains, qui semblaient pourtant lui témoigner de l'amitié, n'auraient pas même songé à le plaindre s'il lui était arrivé malheur ! Il était fils de roi, de haute naissance, mais il était loin de chez lui. Attaché à la maison du roi Arthur, il avait dépensé tout son bien, car le souverain ne lui donnait rien et il ne lui demandait rien. Il était désormais très malheureux, embarrassé et anxieux.

Un jour, Lanval partit se promener seul à cheval. Il sortit de la ville et mit pied à terre dans un pré, au bord d'une rivière. Comme son cheval tremblait violemment, il détacha sa bride et le laissa s'ébattre. Il replia un pan de son manteau sous sa tête et s'étendit. Sa pauvreté le préoccupait et il ne trouvait aucun réconfort. Ainsi allongé, regardant en contrebas du côté de la rivière, il vit s'avancer les deux plus gracieuses demoiselles qu'il eût jamais vues. Elles étaient richement vêtues, parées chacune d'un bliaut de pourpre sombre qui laissait deviner leurs minces silhouettes ; quant à leurs visages, ils étaient très beaux. Elles se dirigèrent vers le chevalier. En homme bien élevé, Lanval se leva pour les accueillir. Elles le saluèrent et transmirent leur message : « Seigneur Lanval, c'est notre maîtresse, un modèle de générosité, de sagesse et de beauté, qui nous envoie à vous. Suivez-nous ! Nous vous conduirons jusqu'à elle. » Le chevalier les accompagna sans s'occuper de son cheval qui continuait à paître dans le pré. Ils arrivèrent devant une tente très belle et bien dressée. Ni la reine Sémiramis [1], au plus haut de sa richesse, de sa puissance et de sa sagesse, ni l'empereur Octave [2] n'auraient pu en acheter un seul pan. À son sommet dominait un aigle d'or d'une valeur inestimable, comme les cordes et les piquets de la tente. À l'intérieur attendait une jeune fille plus belle que la fleur de lis ou la rose nouvelle. Elle

1. Reine légendaire qui aurait fondé Babylone et ses merveilleux jardins suspendus.
2. Nom de naissance d'Auguste (63 av. J.-C.-14 apr. J.-C.), premier empereur romain.

était couchée sur un lit magnifique, vêtue d'une simple chemise qui laissait deviner sa séduisante silhouette. Pour ne pas avoir froid, elle s'était recouverte d'un précieux manteau d'hermine doublé de soie d'Alexandrie qui laissait apparaître son flanc. Comme son visage, son cou et sa poitrine, il était plus blanc que la fleur d'aubépine. Elle appela le chevalier, qui s'avança jusqu'au lit et s'assit. La demoiselle lui dit : « Lanval, mon cher ami, c'est pour vous que j'ai quitté mon pays ; je suis venue de loin pour vous chercher. Si vous vous montrez preux et courtois, vous serez plus heureux et plus riche qu'aucun empereur, comte ou roi ne l'a jamais été car je vous aime plus que tout. » Il la contempla et la vit dans toute sa beauté.

Amour le piqua d'une étincelle qui enflamma et embrasa son cœur. Il répondit à la jeune fille avec douceur : « Belle dame, si j'avais le bonheur d'être aimé de vous, je ferais tout mon possible pour satisfaire vos désirs, qu'ils soient folie ou sagesse. J'obéirai à tous vos ordres et je renoncerai au monde pour vous. Je veux ne jamais vous quitter. » Quand la jeune fille entendit les paroles de celui qui l'aimait tant, elle lui accorda son amour et se donna à lui. Lanval se trouvait désormais sur la voie du bonheur ! Elle lui promit de lui apporter tout ce qu'il voudrait. Il pouvait dépenser largement, elle lui procurerait tout l'argent nécessaire. Lanval était ainsi comblé : plus il se montrerait généreux, plus il aurait d'or et d'argent. « Ami, ajouta-t-elle, je dois vous avertir d'une chose – c'est à la fois une prière et un ordre : ne confiez votre secret à personne. Si notre amour était connu, vous me perdriez pour toujours et vous ne me reverriez jamais. » Il lui répondit qu'il suivrait scrupuleusement ses recommandations et il s'étendit à son côté. Il demeura avec elle jusqu'au soir ; il serait resté plus longtemps encore s'il avait pu et si son amie y avait consenti… « Ami, je vous confie un dernier secret, lui dit-elle : quand vous souhaiterez me parler, je serai toujours là, peu importe le lieu – à condition qu'il s'agisse d'un endroit discret –, prête à faire ce que vous voudrez. Personne, hormis vous, ne me verra ni n'entendra mes paroles. » Ces mots le remplirent de joie. Il l'embrassa et se leva. Les jeunes filles qui l'avaient conduit à la tente le couvrirent de riches habits : ainsi vêtu, il était le plus bel homme du monde. Les demoiselles lui apportèrent de l'eau pour se laver les mains et une serviette pour les essuyer. Avec son amie, il prit un délicieux repas ! Le service fut raffiné et il éprouva un grand plaisir. Mais surtout, il y eut un entremets délicieux qui plut beaucoup au chevalier : une longue suite de baisers et d'étreintes. Quand ils se levèrent de table, on lui amena son cheval. Il prit congé et s'en retourna vers la ville. Très ému et songeant à son aventure, il regardait souvent derrière lui. Troublé, il n'osait croire à ce qu'il avait vu. Arrivé chez lui, il trouva ses gens richement vêtus. Ce soir-là, il donna un excellent repas, mais personne ne comprit d'où lui venait cette soudaine richesse. Il recueillait tout chevalier dans la misère et l'entretenait avec générosité. Il distribuait de précieux cadeaux, payait la rançon de prisonniers, donnait des vêtements aux jongleurs, répandait sa richesse en présents. Il menait une vie heureuse et agréable : il pouvait voir son amie aussi souvent qu'il le voulait car elle répondait toujours à son appel.

Cette année-là, après la fête de la Saint-Jean, une trentaine de chevaliers allèrent se détendre dans un verger, au pied du donjon où logeait la reine. Il y avait parmi eux Gauvain et son cousin, le bel Yvain. Gauvain, qui était un noble et preux chevalier aimé de tous, dit alors : « Seigneurs, nous avons mal agi envers Lanval, notre compagnon si généreux et si courtois, dont le père est un puissant roi : nous ne lui avons pas proposé de nous accompagner. » Ils retournèrent le chercher et le persuadèrent de venir avec eux.

La reine se tenait dans l'embrasure d'une fenêtre avec trois dames. Elle aperçut les chevaliers de la maison du roi, les observa avec attention et reconnut Lanval. Elle envoya l'une de ses dames chercher ses suivantes les plus aimables et les plus belles, pour aller se divertir dans le verger en compagnie de ces jeunes hommes. La dame en amena plus de trente avec elle. Les chevaliers allèrent à leur rencontre, tout heureux de leur présence, et les prirent par la main. Mais Lanval se mit à l'écart, loin des autres dont la joie le laissait indifférent, car il lui tardait de pouvoir embrasser et étreindre son amie tout contre lui. Quand la reine le vit seul, elle s'approcha de lui et s'assit à son côté. Elle lui dévoila ses sentiments :

« Lanval, depuis longtemps, je vous chéris et je vous aime passionnément. Réjouissez-vous car je vous donne mon cœur.

— Dame, répondit-il immédiatement, n'en dites pas plus ! Je n'ai pas envie de vous aimer. J'ai longtemps servi le roi et je ne veux pas le trahir. Jamais je ne ferai de tort à mon seigneur, même pour répondre à votre amour ! »

Furieuse et aveuglée par la colère, la reine se mit à l'insulter : « Lanval, dit-elle, je crois plutôt que vous ne goûtez pas ce genre de plaisir. On dit que vous n'aimez pas les femmes, que vous préférez les garçons élégants et que c'est en leur compagnie que vous vous divertissez. Vous n'êtes qu'un lâche ! un infâme vaurien ! et mon époux est mal récompensé de vous avoir toléré à sa cour ! Je crois bien qu'il en perd son salut [1] ! »

Blessé par ces mots, Lanval ne tarda pas à répondre. La colère lui inspira ces paroles qu'il devait plus d'une fois regretter : « Dame, rétorqua-t-il, je ne suis pas celui que vous croyez ; bien au contraire, j'aime et je suis aimé d'une femme plus aimable que toutes celles que je connais. Et je vous le dis franchement, la plus humble de ses servantes est plus belle, plus élégante, plus

1. Il en perd l'amour de Dieu.

éduquée et plus généreuse que vous, ma reine. » Alors la reine se retira dans sa chambre en pleurant, à la fois désolée et furieuse d'être traitée de la sorte. Elle s'alita, malade, et résolut de ne pas se lever tant que le roi ne lui aurait pas rendu justice.

Revenu de sa promenade en forêt et satisfait de sa journée, le roi entra dans les appartements de la reine. Dès qu'elle le vit, elle formula sa plainte : se jetant à ses genoux, elle implora sa pitié et lui dit que Lanval l'avait déshonorée en lui faisant des avances, qu'il l'avait injuriée parce qu'elle l'avait repoussé. Elle l'accusa de s'être vanté d'avoir une amie si aimable, si noble et si fière que même la plus humble de ses femmes de chambre valait mieux qu'elle, la reine ! Le roi se mit dans une colère terrible ; il jura que si Lanval ne pouvait justifier ses dires en présence de la cour, il le ferait brûler ou pendre. Le roi sortit de la chambre et envoya trois de ses barons auprès de Lanval. Celui-ci était accablé de chagrin et en proie à une grande détresse. De retour chez lui, il s'était rendu compte qu'il avait perdu son amie en dévoilant leur liaison. Seul dans sa chambre, pensif et anxieux, il ne cessait de l'appeler, mais en vain. Il se lamentait et soupirait ; il perdit connaissance à plusieurs reprises. Cent fois il implora son pardon, la supplia de venir lui parler, et maudit son cœur et sa bouche de leur témérité. Peu s'en fallut qu'il ne se donnât la mort ! Il eut beau crier, se débattre et se torturer, jamais elle n'eut pitié de lui en lui permettant de la voir.

Les messagers du roi arrivèrent chez Lanval et lui dirent de se rendre immédiatement à la cour, sur ordre du roi : la reine l'avait accusé. Lanval s'y présenta, la mort dans l'âme : il aurait préféré être tué. Devant le roi, il resta triste et muet, incapable qu'il était de cacher sa profonde douleur. En colère, le roi s'écria : « Vassal, vous m'avez fait beaucoup de tort et vous vous êtes engagé dans une vilaine affaire en me déshonorant, en m'outrageant et en insultant la reine. Vous vous êtes follement vanté : il faut que votre amie soit bien noble pour que sa servante soit plus belle et plus estimable que la reine. »

Lanval se défendit d'avoir voulu déshonorer son seigneur, en contestant mot pour mot les termes de l'accusation, car il n'avait pas sollicité l'amour de la reine. Cependant, il reconnut s'être vanté de sa liaison. Il ajouta qu'il le regrettait, car il avait perdu son amie et il leur déclara qu'il se soumettrait au jugement de la cour. Le roi était furieux contre lui. Il convoqua tous ses hommes pour les faire délibérer sur la conduite à tenir. Obéissant à son invitation, ils se rendirent, de bon gré ou à contrecœur, chez le roi. Ils décidèrent que Lanval devait être assigné à comparaître[1] et fournir à son seigneur des garants[2] attestant qu'il attendrait son

1. Être convoqué en justice selon les procédures légales.
2. Personnes qui répondent de Lanval devant le roi.

jugement et qu'il reviendrait se présenter à ses juges. Les barons informèrent le roi de la procédure et le roi demanda les garants. Mais Lanval était seul, sans parents ni amis. Alors Gauvain et tous ses compagnons s'avancèrent pour lui servir de caution. « J'accepte, dit le roi, que vous vous portiez garants, chacun en son nom, sur les terres et les fiefs qu'il tient de moi. » Après quoi, il laissa Lanval rentrer chez lui. Les chevaliers l'accompagnèrent tout en lui faisant la leçon : ils le blâmèrent de se laisser aller à une pareille douleur et maudirent son amour insensé. Ils lui rendirent toutefois visite chaque jour pour voir s'il buvait et mangeait car ils craignaient de le voir tomber malade.

À la date qu'ils avaient fixée, les barons s'assemblèrent. Le roi et la reine étaient présents et les garants remirent Lanval à ses juges. Tout le monde était triste pour lui. Nombreux étaient ceux qui auraient fait leur possible pour le libérer sans procès, ne doutant pas qu'il était accusé à tort. Le roi demanda que l'affaire fût rappelée d'après les termes de la plainte et de la défense : tout dépendait désormais des barons. La terrible situation de ce noble étranger les préoccupait et les embarrassait. Certains avaient l'intention de parler contre lui pour plaire au roi, mais le duc de Cornouailles prit la parole : « Nul d'entre nous ne manquera à son devoir, que cela nous chante ou non : le droit doit l'emporter. Le roi a porté plainte contre son vassal, que je vous ai entendu nommer Lanval, sur deux points : il l'a accusé d'une part de félonie et d'autre part de mensonge au sujet de l'amour dont il s'est vanté et qui a provoqué la colère de la reine. Le roi seul l'accuse. À vrai dire, si son vassal n'était pas accusé d'avoir manqué à son devoir en mettant en cause l'honneur de son roi, ce dernier n'aurait pas le droit de porter plainte. Sur ce point, le serment de Lanval sera un gage suffisant et le roi s'en remettra à notre jugement. Sur l'autre point, si Lanval peut produire un garant, c'est-à-dire si son amie se présente devant la cour et prouve qu'il a dit la vérité, il obtiendra immédiatement le pardon de la reine, puisqu'il n'aura pas prononcé ses paroles dans l'intention de l'humilier. Mais s'il est dans l'impossibilité de prouver ce qu'il a dit, il ne pourra plus servir le roi et celui-ci devra le bannir. » On envoya à Lanval des messagers pour lui demander de faire venir son amie, afin qu'elle le protégeât et le disculpât. Il répondit que ce n'était pas possible et qu'elle ne viendrait pas à son secours. Les messagers rapportèrent cet échange aux juges qui perdirent tout espoir. De son côté, le roi les pressa de rendre leur verdict car la reine l'attendait.

Mais à l'instant où ils devaient trancher, ils virent s'avancer deux jeunes filles sur deux beaux palefrois trottant à l'unisson. Elles étaient très séduisantes, vêtues simplement d'un taffetas pourpre sur leur peau nue. Elles suscitèrent l'intérêt de tous. Accompagné de trois chevaliers, Gauvain rapporta l'événement à Lanval en lui montrant les deux jeunes filles. Tout joyeux, Gauvain le supplia de lui dire si l'une d'elles était son amie, mais Lanval répondit qu'il ne savait pas qui elles étaient, d'où elles venaient, ni où elles allaient. Les jeunes filles s'avancèrent à cheval et mirent pied à terre devant la table à laquelle était assis le roi Arthur. D'une grande beauté, elles s'adressèrent à lui avec courtoisie : « Roi, dirent-elles, fais préparer des appartements où notre dame puisse loger ; elle désire profiter de ton hospitalité. » Il accepta volontiers et fit appeler deux chevaliers chargés de les conduire dans les chambres. Elles n'en dirent pas davantage.

Le roi exigea de ses barons qu'ils rendissent leur jugement et se dit mécontent de leur interminable retard. « Sire, répondirent-ils, l'arrivée de ces dames nous a interrompus et nous n'avons pris encore aucune décision. Nous allons maintenant reprendre le procès. » Ils s'assemblèrent, indécis, dans un brouhaha de discussions.

Au milieu de cette agitation, ils virent s'avancer de nouveau deux jeunes filles en charmant équipage, vêtues d'habits de soie tout neufs, sur deux mules d'Espagne. Tout joyeux, ils se dirent que Lanval, le preux et hardi chevalier, était sauvé. Entraînant ses compagnons avec lui, Yvain le rejoignit et s'écria : « Seigneur, reprenez courage ! Pour l'amour de Dieu, dites quelque chose ! Voici que s'avancent deux demoiselles, très belles et magnifiquement parées : l'une d'entre elles est votre amie, à coup sûr ! » Lanval répondit aussitôt qu'il ne les connaissait pas et qu'elles le laissaient indifférent. Arrivées devant le roi, les jeunes filles mirent pied à terre. Tous louèrent la beauté de leur corps, de leur visage et de leur teint, et s'accordèrent à dire que l'une et l'autre surpassaient la reine. L'aînée, courtoise et sage, délivra gracieusement son message : « Roi, fais-nous donner des appartements pour loger notre dame car elle arrive ici pour te parler. » Il ordonna de les conduire auprès des autres jeunes filles précédemment arrivées. Après quoi, il demanda à tous ses barons de rendre leur jugement, trop de fois retardé tout au long de la journée. La reine s'en irritait, impatiente du résultat. Ils allaient prononcer la sentence lorsque, dans la ville, parut à cheval, à vive allure, la plus belle jeune fille qu'il y eût au monde. Elle montait un palefroi blanc qui la portait avec douceur ; l'encolure et la tête de l'animal étaient extrêmement bien faites et c'était la bête la plus magnifique qui fût. Son harnais était si précieux qu'aucun roi ni comte n'aurait pu se l'offrir sans vendre ou mettre en gage ses terres. La demoiselle portait une chemise et un vêtement de lin, lacés des deux côtés de façon à laisser apparaître ses flancs. Son corps était plein de grâce : elle avait des hanches harmonieuses, un cou plus blanc que neige, des yeux vifs, un teint clair, une belle bouche, un nez bien dessiné, des sourcils bruns, un beau front et des cheveux bouclés et très blonds, qui, à la lumière du jour, étaient plus éclatants qu'un fil d'or. Son manteau était de pourpre sombre ; elle en avait relevé les pans jusqu'à sa taille. Elle tenait sur son poing un épervier et un lévrier la suivait. Tous les gens de la ville, petits et grands, vieillards et enfants, accouraient pour la voir. Elle avançait d'un bon pas et, en la voyant, les juges n'en croyaient pas leurs yeux ; chacun se sentait envahi d'une vraie joie. Les amis de Lanval le rejoignirent et lui parlèrent de la jeune fille qui arrivait et qui allait peut-être hâter sa délivrance. « Seigneur compagnon, il vient ici une femme qui n'est ni rousse, ni brune et qui est la plus belle femme au monde. » À ces mots, Lanval releva la tête, reconnut son amie et poussa un soupir. Alors que le sang lui montait au visage, il se pressa de parler : « Ma foi, s'exclama-t-il, c'est mon amie ! Peu m'importe, maintenant, qu'on me tue, si elle n'a pas pitié de moi, car j'ai le bonheur de la voir. » La jeune fille entra au palais et descendit de cheval devant le roi, de façon à être bien vue de tous. Elle laissa tomber son manteau pour être mieux contemplée encore. Le roi, qui connaissait les usages, se leva pour aller à sa rencontre ; tous les membres de la cour l'accueillirent avec des marques d'honneur et s'empressèrent de la servir. Quand ils l'eurent bien regardée et qu'ils eurent fait l'éloge de sa beauté, elle ne tarda pas à prendre la parole : « Arthur, j'ai aimé l'un de tes vassaux. Le voici, c'est Lanval ! On l'a accusé devant ta cour et je ne veux pas qu'il soit inquiété pour ce qu'il a dit, car, sache-le, c'est la reine qui lui a fait du tort ; jamais il n'a sollicité son amour. Quant à sa vantardise, ma personne témoigne qu'il peut en être acquitté. Que tes barons le libèrent ! » Le roi déclara accepter la sentence de ses barons. Ils reconnurent à l'unanimité que Lanval était hors de cause et décidèrent de le libérer. La demoiselle se retira, sans que le roi pût la retenir ; nombreux furent ceux qui se proposèrent de la servir. Au sortir de la salle, se trouvait un grand perron de marbre gris qui aidait les chevaliers alourdis par leurs armures à se mettre en selle lorsqu'ils quittaient la cour du roi. Lanval y monta et, quand la jeune fille franchit la porte, d'un seul bond il sauta derrière elle sur son palefroi et s'en alla avec elle en Avalon, une île magnifique, à ce que content les Bretons. Personne n'entendit plus jamais parler de lui.

Éliduc

Il y avait en Bretagne un chevalier preux et courtois, qui s'appelait Éliduc. C'était l'homme le plus courageux du pays. Il avait épousé une femme noble et sage, issue d'une prestigieuse famille. Pendant de longues années, ils s'aimèrent d'un amour fidèle.

Son seigneur était roi de Petite Bretagne. Il aimait beaucoup Éliduc, qui le servait loyalement. Lorsqu'il partait en voyage, il lui confiait la garde du royaume. Il le retenait auprès de lui en raison de son courage et Éliduc n'en tirait que des avantages, puisqu'il avait le privilège de chasser dans les forêts du roi. Mais, comme cela arrive souvent, certains jalousèrent ce bonheur. Ils répandirent de fausses rumeurs sur Éliduc et le calomnièrent au point qu'il fut banni de la cour, sans être entendu. Éliduc ne savait pourquoi le roi le chassait. À plusieurs reprises il le pria de ne pas croire les bruits mensongers et de l'écouter, lui qui l'avait fidèlement servi, mais en vain. Puisque le roi ne voulait rien entendre, Éliduc se retira chez lui et convoqua tous ses amis. Il leur apprit la situation : « J'ai servi mon seigneur de mon mieux et je ne mérite pas son ingratitude. Mais comme dit le proverbe, la faveur du seigneur n'est pas fief [1]. » Ne voulant pas rester plus longtemps dans le pays, il décida de partir en mer pour gagner le royaume de Logres et y vivre quelque temps. Il laisserait sa femme sur ses terres en recommandant à ses vassaux et à ses amis de veiller loyalement sur elle. Il mit son plan à exécution et s'équipa richement. Son départ attristait ses amis. Il emmena avec lui dix chevaliers. Sa femme, qui l'accompagna un peu sur le chemin, fut en proie à une grande douleur lorsque vint le moment de la séparation. Il lui promit de lui rester fidèle et la quitta. Il traversa la mer et débarqua à Totness.

Dans ce pays, plusieurs rois étaient en guerre les uns contre les autres. Près d'Exeter demeurait un très puissant seigneur d'âge respectable qui n'avait pas d'héritier mâle mais une fille à marier. Comme il refusait de la donner en mariage à l'un de ses pairs [2], celui-ci lui faisait la guerre. Il dévastait toutes ses terres et l'avait assiégé dans l'un de ses châteaux. Personne dans le château n'osait sortir se mesurer à lui. Lorsqu'Éliduc l'apprit, il résolut d'arrêter son voyage car il avait trouvé l'occasion de mettre à profit ses talents de chevalier : il avait l'intention d'aider de toutes ses forces le

1. La faveur du seigneur est fragile et peut être retirée à tout moment, tandis qu'un fief est un bien durable.
2. À un seigneur étranger.

roi qui était en fâcheuse posture et victime des pires ravages. Il envoya des messagers transmettre une lettre dans laquelle il informait le seigneur assiégé qu'il avait quitté son pays pour venir à son secours. Il lui demandait de lui faire connaître sa volonté et, s'il ne désirait pas son aide, de lui donner un guide pour traverser ses terres : il continuerait sa route et irait proposer ses services ailleurs. Quand le roi vit les messagers, il leur témoigna son affection et son estime. Il appela son connétable et lui ordonna sur-le-champ de prévoir une escorte pour aller chercher le chevalier et ses compagnons ; il fit préparer des appartements pour les recevoir et recommanda de leur donner autant d'argent qu'ils voudraient pour leurs dépenses lors de leur séjour. Éliduc logea chez un habitant du bourg, très sage et courtois, qui lui aménagea une belle chambre garnie de tentures. Il fut bien servi et invita à sa table les chevaliers démunis qui logeaient dans le bourg.

Le troisième jour de son séjour, le bruit courut dans la cité que les ennemis s'étaient répandus dans le pays, voulaient arriver jusqu'aux portes de la ville et la prendre d'assaut. Dès qu'ils entendirent le tumulte du peuple épouvanté, Éliduc et ses compagnons s'armèrent. Il n'y avait dans la ville que quatorze chevaliers pouvant prendre une monture (car plusieurs étaient blessés et beaucoup d'autres prisonniers). Voyant Éliduc monter à cheval, ils s'armèrent à leur tour, sans attendre d'ordre, et le suivirent. « Seigneur, lui dirent-ils, nous irons avec vous et nous ferons ce que vous ferez. » Il leur répondit : « Je vous en remercie. Y en a-t-il un parmi vous qui connaisse un passage difficile ou un défilé où l'on puisse les surprendre ? Si nous les attendons ici, nous engagerons sans doute le combat, mais nous n'y aurons pas l'avantage. Mais peut-être quelqu'un a-t-il une autre tactique ? » Ils le renseignèrent :

« Seigneur, près de ce bois, dans ce champ de lin, il y a un étroit chemin qu'ils doivent emprunter pour se replier : quand ils auront pris leur butin, ils reviendront par là. Si l'on accepte d'affronter le danger, on peut vite leur infliger de lourds dommages.

— Amis, leur répondit Éliduc, qui ne tente rien n'a rien. Vous êtes tous les vassaux du roi et vous lui devez fidélité. Suivez-moi et faites ce que je ferai. Je vous assure en toute bonne foi que vous n'échouerez pas tant que je pourrai vous aider. Si nous réussissons, cet exploit nous vaudra une belle réputation. »

Ils lui firent confiance et le conduisirent jusqu'au bois où ils s'embusquèrent près du chemin pour attendre le retour de l'ennemi. Éliduc leur expliqua avec précision comment ils allaient procéder. Quand leurs adversaires se furent engagés dans le défilé, Éliduc lança un cri de défi, appela tous ses compagnons et les exhorta à bien se battre. Ils frappèrent fort et n'épargnèrent personne. Pris par surprise, leurs ennemis furent vaincus en peu de temps. Éliduc et ses compagnons firent prisonniers leur connétable et beaucoup d'autres chevaliers. Alors qu'ils n'étaient que vingt-cinq, ils capturèrent trente chevaliers du camp adverse, s'emparèrent d'un important matériel, firent un énorme butin et revinrent tout joyeux de leur succès. Du haut d'une tour, le roi les attendait, craignant fort pour ses hommes et critiquant vivement Éliduc. Il imaginait qu'il avait trahi ses chevaliers et les avait livrés à l'ennemi. Au contraire, ils arrivaient en belle troupe, chargés de leur butin. Ils étaient bien plus nombreux au retour qu'à l'aller, et le roi ne les reconnut pas, plein de soupçons et de méfiance qu'il était. Il ordonna à ses gens de fermer les portes et de monter sur les remparts pour tirer sur ceux qui venaient. Mais la méprise ne dura pas car les vainqueurs envoyèrent un écuyer pour conter les exploits d'Éliduc.

Quand le roi apprit la nouvelle, il fut transporté de joie. Il descendit de sa tour et alla à la rencontre d'Éliduc pour le remercier. Le chevalier lui livra les prisonniers et partagea le butin avec ses compagnons, ne gardant pour lui que trois chevaux qui lui avaient été attribués. Après ces événements, le roi lui témoigna son estime et son affection. Il le retint une année entière avec ses compagnons, lui fit prêter serment de fidélité et fit de lui le gardien de ses terres.

À la fois courtois, sage, courageux et généreux, Éliduc était aussi un beau chevalier. La fille du roi entendit prononcer son nom et raconter ses mérites. Par l'un de ses chambellans, elle lui fit porter un message : elle le priait de venir lui parler et la distraire. Ils feraient ainsi connaissance. Elle s'étonnait de ne pas encore avoir reçu sa visite. Éliduc répondit qu'il viendrait bien volontiers. Il monta sur son destrier, emmenant avec lui un chevalier, et alla s'entretenir avec la jeune fille. Avec noblesse, et d'un air doux et prévenant, il remercia en des termes choisis Guilliadon (c'était le nom de la jeune fille) de son invitation. Elle le prit par la main et ils s'assirent sur un lit pour parler de choses et d'autres. La jeune fille contempla son visage, sa personne et ses belles manières. Elle se dit à elle-même qu'il n'y avait rien pour lui déplaire en cet homme et se mit à l'estimer beaucoup. Amour lui lança son trait qui oblige à aimer ; le chevalier la fit pâlir et soupirer, mais elle ne voulut pas lui avouer ses sentiments la première, de peur de s'attirer son mépris. Après être resté un long moment, Éliduc prit congé de la jeune fille. Elle le vit partir à regret mais se résigna. Le chevalier regagna son logis, sombre et abattu, troublé par la beauté de la fille du roi, par ses douces paroles et ses soupirs. Il se reprit toutefois, car il se souvint de sa femme et des promesses qu'il lui avait faites sur sa fidélité et sa loyauté.

Mais, après cette entrevue, la jeune fille voulut faire de lui son ami car elle n'avait jamais eu pareille estime pour un homme. Elle projeta de le retenir auprès d'elle si elle le pouvait. Elle resta ainsi éveillée toute la nuit, sans parvenir à dormir. Le lendemain matin, elle se leva, alla à une fenêtre et appela son chambellan pour lui révéler ce qu'elle ressentait. « Ma foi, dit-elle, me voilà dans une situation délicate : j'aime le nouveau chevalier de mon père, Éliduc. J'en ai perdu le sommeil ; je n'ai pas pu fermer l'œil de la nuit. S'il consent à m'aimer d'amour et à me promettre fidélité, je ferai tout ce qui lui plaira. Il peut en espérer un grand avantage car il sera roi de cette terre. Mais il est si sage et si courtois que, s'il me refuse son amour, il ne me reste plus qu'à mourir de chagrin. » Quand elle eut dit ce qu'elle avait sur le cœur, son chambellan lui donna un conseil loyal que personne ne pourrait lui reprocher. « Dame, dit-il, puisque vous l'aimez, envoyez-lui un message et un témoignage de votre amour, une ceinture, un lacet ou un anneau, comme vous voulez. S'il se réjouit de votre envoi, vous pouvez être assurée de son amour. Mais n'ayez crainte : aucun empereur au monde ne se plaindrait de votre amour ! » À ce conseil, la demoiselle répondit :

« Comment ce don pourra-t-il m'indiquer s'il a envie de m'aimer ? Je n'ai jamais vu un chevalier, qu'il soit amoureux ou non, se faire prier pour accepter un cadeau. Je serais furieuse s'il se moquait de moi. Toutefois il est vrai qu'on peut deviner les sentiments des gens à la mine qu'ils font. Préparez-vous et allez le trouver.

— Je suis tout prêt, assura le chambellan.

— Vous lui ferez porter un anneau d'or et vous lui donnerez ma ceinture, en le saluant mille fois de ma part. »

Le chambellan s'éloigna et elle resta seule. Elle faillit le rappeler, mais finalement le laissa aller. Elle se mit alors à se lamenter : « Hélas, mon cœur est épris d'un étranger ! Je ne sais même pas s'il est de noble famille. Et peut-être s'en ira-t-il bientôt en me laissant avec ma peine. Quelle folie d'avoir pensé à lui ! Je ne lui ai jamais parlé avant hier et maintenant j'espère son amour ! J'ai peur qu'il ne m'en veuille, mais s'il est courtois, il m'en sera reconnaissant. À présent, les dés sont jetés. S'il reste indifférent à mes sentiments, je serai bien malheureuse et n'aurai plus de joie de toute ma vie. »

Tandis qu'elle se désolait, le chambellan pressait le pas. Arrivé chez Éliduc, il lui transmit les salutations de la demoiselle, lui présenta l'anneau et lui donna la ceinture. Le chevalier le remercia tout en mettant l'anneau d'or à son doigt et la ceinture autour de sa taille. Le serviteur ne lui dit rien de plus et Éliduc ne lui demanda rien non plus, se contentant de lui faire don de sa bourse. Mais le chambellan n'accepta rien et se retira. Il revint chez la demoiselle qu'il trouva dans sa chambre. Il la salua de la part d'Éliduc et lui transmit ses remerciements pour son présent.

« Allons, s'écria-t-elle, ne me cache rien ! Veut-il m'accorder son amour ?

— Je le crois, lui répondit-il. Ce chevalier n'est pas volage : je le trouve courtois et sage, car il sait rester discret sur ses sentiments. Je l'ai salué de votre part et lui ai présenté vos cadeaux ; il a mis votre ceinture autour de sa taille, en la serrant bien, et à son doigt le petit anneau. Je n'ai rien dit de plus et lui non plus.

— Ne les a-t-il pas reçus comme des gages d'amour ? Peut-être me suis-je trompée.

— Ma foi, avoua le chambellan, je n'en sais rien. Mais écoutez-moi : s'il ne vous voulait pas grand bien, il n'aurait rien accepté de vous.

— La belle raison ! s'exclama-t-elle, je sais bien qu'il n'a aucun motif de me haïr : je ne lui ai jamais fait d'autre tort que de l'aimer avec passion. Et s'il me déteste malgré tout, il mérite la mort. Je ne veux plus rien lui demander, par ton intermédiaire ou celui d'un autre, avant de lui avoir parlé. Je veux lui dire moi-même combien mon amour pour lui me tourmente. Mais j'ignore s'il va rester dans ce pays.

— Dame, répondit le chambellan, le roi l'a retenu pour une année en lui faisant prêter serment de le servir loyalement. Vous aurez tout loisir de lui ouvrir votre cœur. »

Quand elle apprit qu'il restait dans le pays, elle fut transportée de joie. Mais elle ignorait la souffrance d'Éliduc. Depuis qu'il l'avait vue, il ne trouvait de plaisir et de soulagement qu'en pensant à elle. Il en était d'autant plus malheureux qu'il avait promis à sa femme de lui être fidèle. Et voilà que son cœur était touché ! Il ne pouvait s'empêcher d'aimer la belle demoiselle, Guilliadon ; il voulait la voir, lui parler, l'embrasser et l'étreindre. Pourtant, il ne pouvait rechercher un amour qui ferait son déshonneur, à la fois parce qu'il s'était engagé à l'égard de sa femme et parce qu'il se trouvait au service du roi. Éliduc était donc dans un grand embarras. Bientôt, il monta à cheval, appela ses compagnons et alla au château pour parler au roi : il espérait secrètement voir la demoiselle. Après s'être levé de table, le roi s'était rendu dans les appartements de sa fille où il avait commencé une partie d'échecs avec un chevalier. Éliduc s'avança vers lui. Le roi lui réserva un bon accueil, le fit asseoir près de lui, appela sa fille et lui dit : « Demoiselle, vous devriez faire la connaissance de ce chevalier et le traiter avec honneur : il n'y en a pas de meilleur. » La jeune fille se réjouit de ces mots. Tous deux brûlaient d'amour, mais elle n'osait pas lui adresser la parole et lui hésitait à parler, se bornant à la remercier du cadeau qu'elle lui avait envoyé. Il ajouta qu'il n'en avait jamais eu d'aussi précieux. Elle répondit au chevalier qu'elle en était heureuse et que, si elle lui avait envoyé l'anneau et la ceinture, c'est parce qu'elle lui avait fait don de sa personne. Elle lui avoua l'aimer profondément, au point de vouloir faire de lui son mari et jura qu'elle n'épouserait jamais un autre homme. Il lui dit à son tour : « Dame, cela me comble de joie. L'estime que vous me témoignez me rend très heureux. Je dois rester un an auprès de votre père, comme je le lui ai promis. J'attendrai la fin de la guerre puis je retournerai dans mon pays, si vous me donnez mon congé, car je ne veux pas rester. » La jeune fille lui répondit : « Ami, je vous remercie de ces paroles ! Vous êtes assez sage et courtois pour décider d'ici-là ce que vous ferez de moi. Je vous aime plus que tout et j'ai confiance en vous. » Ils n'en dirent pas davantage pour cette fois. Éliduc regagna son logis, satisfait d'avoir agi comme il convenait. Il mena si bien la guerre qu'il réussit à capturer l'ennemi du roi et à libérer tout le royaume. Il gagna la sympathie de tous par sa prouesse, sa sagesse et sa générosité.

Ce fut à cette période-là que son premier seigneur, le roi de Petite Bretagne, l'envoya chercher par trois messagers qui lui transmirent les nouvelles suivantes : le roi était dans le malheur et l'embarras car il subissait de grands torts et d'importants dommages. Il avait perdu tous ses châteaux les uns après les autres et voyait toute sa terre ravagée. Il avait souvent regretté de s'être séparé d'Éliduc sur un mauvais conseil qu'il avait eu la faiblesse d'écouter. Il avait d'ailleurs banni à jamais les traîtres qui avaient calomnié Éliduc. Dans sa grande détresse, le roi le réclamait à son côté. Au nom du serment prêté lors de l'hommage, il conjurait son vassal de lui venir en aide, car il en avait grand besoin.

En apprenant la nouvelle, Éliduc ressentit un grand chagrin : il aimait profondément la demoiselle et elle l'aimait tout aussi passionnément. Ils n'avaient rien fait de répréhensible : leur liaison se limitait à de tendres entretiens et à des échanges de cadeaux. Ce que la demoiselle désirait le plus au monde, c'était de l'avoir tout à elle et de le garder près d'elle. Elle ignorait qu'il était marié. « Hélas, pensa-t-il, j'ai mal agi en restant trop longtemps dans ce pays qui cause mon malheur. J'aime Guilliadon de tout mon cœur et elle m'aime également. Je dois la quitter et l'un de nous deux en mourra, ou nous en mourrons tous les deux peut-être. Pourtant, je dois m'en aller car mon seigneur me rappelle à lui, au nom du serment que je lui ai prêté. De plus, j'ai juré à ma femme de revenir : je ne puis rester. Et quant à épouser mon amie, la religion chrétienne me l'interdit [1]. Ma situation est désespérée de tous les côtés ! Mon Dieu, que cette séparation est cruelle ! Mais qu'on me le reproche ou non, j'agirai toujours selon la volonté de mon amie et j'écouterai ses conseils. Le roi, son père, jouit désormais d'une paix durable. Je demanderai mon congé avant la date fixée pour aller secourir mon seigneur en détresse. J'irai parler à Guilliadon et je lui expliquerai ma situation ; elle me dira ce qu'elle désire et je lui obéirai de mon mieux. » Le chevalier ne tarda pas à aller prendre congé du roi. Il lui raconta ce qui lui arrivait, lui lut la lettre que son seigneur lui avait envoyée. En apprenant cette nouvelle, le roi comprit qu'Éliduc allait partir, ce qui le désola. Afin qu'il restât, il lui offrit une partie de ses biens, le tiers de son héritage et mit son trésor à sa

1. La religion chrétienne interdit la polygamie, c'est-à-dire le fait d'être marié à plusieurs femmes en même temps.

disposition. « Au nom de Dieu, répondit le chevalier, puisque mon seigneur m'a rappelé de si loin, je ne peux pas rester. J'irai lui porter secours. Mais, si un jour vous avez besoin de mes services, je reviendrai volontiers auprès de vous avec un grand renfort de chevaliers. » Le roi le remercia et lui donna congé de bonne grâce. Il mit à sa disposition tous les biens de sa maison : or et argent, chiens et chevaux, bonnes et belles étoffes de soie. Éliduc se servit avec modération, puis lui dit avec courtoisie qu'il irait volontiers parler à sa fille, s'il le lui permettait. « J'en serais ravi », répondit le roi. En quelques mots Éliduc entretint la jeune fille et lui demanda conseil sur la conduite qu'il devait tenir. Avant qu'il eût terminé, elle perdit toutes ses couleurs et s'évanouit sous l'effet de la douleur. La voyant dans cet état, Éliduc se lamenta ; il l'embrassa et pleura. Il la tint contre lui jusqu'à ce qu'elle revînt à elle.

« Au nom de Dieu, dit-il, ma douce amie, laissez-moi vous parler : vous êtes ma vie, ma mort, et tout mon réconfort. Je vous demande conseil, au nom de la promesse qui nous lie. Mon devoir m'oblige à retourner dans mon pays ; j'ai déjà pris congé du roi, votre père, mais je ferai ce qu'il vous plaira, quoi qu'il doive m'arriver.

— Emmenez-moi avec vous, s'écria-t-elle, puisque vous ne voulez pas rester, sinon je me donnerai la mort car je n'aurai jamais plus ni joie ni bonheur. »

Éliduc qui l'aimait d'un tendre amour lui répondit : « Belle amie, je suis lié par mon serment à votre père jusqu'au terme fixé. Si je vous emmenais avec moi, je le trahirais. Mais je vous jure solennellement que, si vous consentez à me donner congé en m'accordant un délai et en me fixant le jour où vous souhaitez me voir revenir, je tiendrai ma promesse coûte que coûte, pourvu que je sois vivant et en bonne santé. Ma vie est entre vos mains ! » Sûre de la profondeur de son amour, elle lui accorda un délai et fixa le jour où il devrait revenir pour l'emmener. La séparation fut cruelle. Ils échangèrent leurs anneaux d'or avec de tendres baisers.

Éliduc gagna la mer, eut bon vent et fit une rapide traversée. Le roi, ses parents, ses amis et tous les gens du pays se réjouirent de son retour ; et plus qu'eux tous encore, sa noble, belle, sage et honnête femme. Cependant, tourmenté par son amour, Éliduc se montra constamment soucieux. Il ne trouvait ni joie ni plaisir dans ce qui l'entourait. Il semblait si secret que sa femme en éprouva du chagrin car elle en ignorait la raison. Elle s'interrogeait avec tristesse ; à plusieurs reprises, elle lui demanda si on lui avait dit qu'elle avait commis une faute ou qu'elle avait mal agi pendant son absence. Elle ajouta qu'elle lui prouverait le contraire si tel était le cas. « Dame, répondit-il, je ne vous accuse d'aucun tort. Mais, dans le pays où j'ai séjourné, j'ai juré au roi de revenir, car il a grand besoin de moi. Si le roi, mon seigneur, obtenait la paix, je ne resterais pas

huit jours de plus. D'ici là, rien ne me procurera du plaisir. » Alors sa dame le laissa tranquille. Éliduc resta auprès de son seigneur et lui apporta une aide précieuse. Le roi suivit ses conseils et lui confia la garde de sa terre. Mais quand approcha le jour fixé par Guilliadon, Éliduc se hâta de conclure la paix. Puis il fit ses préparatifs de voyage et choisit ceux qu'il désirait emmener avec lui, c'est-à-dire deux neveux qu'il aimait beaucoup, un de ses chambellans, et ses écuyers. Il leur fit promettre de garder le silence sur son secret.

Il partit en mer sans tarder ; la traversée fut rapide et il arriva dans le pays où il était impatiemment attendu. Par prudence, Éliduc logea loin des ports afin d'éviter d'être reconnu. Il envoya son chambellan à son amie pour l'avertir qu'il était revenu et qu'il avait tenu parole : il lui demandait de sortir de la ville à la nuit tombée avec son chambellan ; il irait à leur rencontre. Le chambellan partit à pied, d'un bon pas, et se rendit chez la jeune fille. Grâce à son habileté, il réussit à pénétrer dans sa chambre, la salua et lui dit que son ami était arrivé. Elle était triste et abattue, mais quand elle entendit la nouvelle, elle versa des larmes de joie et embrassa le messager. Il lui dit qu'elle devrait partir avec lui à la tombée du jour. Ils passèrent toute la journée à préparer leur voyage et, le soir venu, quand il fit bien sombre, ils quittèrent la ville. Vêtue d'une étoffe de soie finement brodée d'or et d'un court manteau, la jeune fille redoutait d'être reconnue.

Loin de la porte de la ville, à une portée d'arc, se trouvait un bois entouré d'un beau parc où le chevalier attendait la demoiselle. Le chambellan l'y conduisit. Éliduc descendit de cheval pour l'embrasser : leurs retrouvailles furent une explosion de joie. Éliduc la fit ensuite monter sur un cheval, il se mit lui-même en selle, prit ses rênes et partit avec elle au galop. Arrivés à Totness, Éliduc embarqua aussitôt avec ses hommes et son amie Guilliadon. Ils eurent beau temps et bon vent pendant toute la traversée mais, alors qu'ils étaient sur le point d'aborder, ils essuyèrent une tempête. Un vent contraire se leva et les rejeta loin du port ; leur mât se fendit et toutes les voiles se déchirèrent. Ils implorèrent le secours du Ciel pour qu'il les préservât de la mort et leur permît d'arriver jusqu'au port. Ils dérivaient vers le large, tantôt vers l'avant, tantôt vers l'arrière, frôlant la catastrophe. Un des matelots s'écria à pleine voix : « Qu'allons-nous faire ? Seigneur, vous avez embarqué avec vous celle qui cause notre perte. Jamais nous ne toucherons terre ! Vous avez pour épouse une femme fidèle et vous en enlevez une autre contre la loi divine, contre le droit et contre la foi jurée [1]. Laissez-nous la jeter à la mer pour pouvoir aborder. » À ces mots, Éliduc devint fou de rage : « Fils de putain, vaurien, sale traître, tais-toi ! » S'il l'avait pu, il aurait fait payer cher ses paroles à son compagnon,

1. La promesse de fidélité que se font un mari et sa femme lors de la célébration du mariage.

mais il tenait la jeune fille dans ses bras, la réconfortait comme il pouvait du mal de mer et de ce qu'elle venait d'apprendre : son ami était marié à une autre. Elle s'écroula sans connaissance et sans couleurs et resta ainsi évanouie, sans même pousser un soupir. Éliduc crut qu'elle était morte. Il s'abandonna à la douleur. Puis, se redressant, il se jeta sur le matelot, l'abattit d'un coup d'aviron et, le traînant par les pieds, le jeta par-dessus bord afin que les vagues emportassent son corps. Après s'être débarrassé du marin, il prit le gouvernail pour conduire le navire et maintint si bien le cap qu'il arriva au port et aborda. Quand ils touchèrent le rivage, il abaissa la passerelle et jeta l'ancre. La jeune fille, qui était toujours étendue et évanouie, avait l'apparence d'une morte. Fou de douleur, Éliduc aurait voulu mourir avec elle. Il demanda à chacun de ses compagnons de le conseiller : où devait-il transporter la demoiselle ? Il ajouta qu'il ne la quitterait pas avant qu'elle fût enterrée avec de grands honneurs et une belle cérémonie dans la terre bénie d'un cimetière, car elle était fille de roi et y avait droit. Troublés, ses compagnons furent incapables de lui donner un conseil. Après avoir réfléchi, Éliduc prit la décision suivante : sa demeure étant proche de la mer, il pouvait y être à l'heure du dîner. Tout autour, il y avait une forêt longue de trente lieues [1] qui abritait une cha-

---

1. La lieue est une ancienne unité de mesure de distance valant environ quatre kilomètres.

pelle où habitait un saint ermite. Il y vivait depuis quarante ans et Éliduc s'était entretenu plusieurs fois avec lui. Il résolut d'y emmener la jeune fille et de l'enterrer dans la chapelle. Il donnerait assez de terre à l'ermite pour y fonder une abbaye et il y établirait également un couvent de moines, de religieuses ou de chanoines qui tous les jours prieraient pour elle afin que Dieu la prît généreusement en pitié ! Il ordonna à tous ses compagnons de se mettre en selle et obtint d'eux la promesse qu'ils ne révéleraient rien. Il emporta son amie sur son palefroi.

En suivant le chemin le plus direct, ils finirent par entrer dans le bois et parvinrent à la chapelle. Éliduc appela et frappa à la porte, mais il ne trouva personne pour lui répondre ou pour lui ouvrir. Ils réussirent à entrer et Éliduc constata que le saint ermite était mort depuis huit jours. Il trouva sa tombe fraîchement creusée. Il en fut profondément ému et peiné. Alors que ses compagnons voulaient creuser une fosse où il pourrait déposer son amie, il les fit reculer : « Cela, jamais ! leur dit-il. Je vais plutôt consulter les sages du pays pour savoir comment je peux ennoblir ce lieu en y fondant une abbaye ou une église. Nous allons coucher mon amie devant l'autel et la recommander à Dieu. » Il ordonna qu'on apportât les vêtements de la jeune fille afin de lui faire un lit. Ils l'y étendirent et la laissèrent pour morte. Mais quand vint le moment de la quitter, Éliduc pensa succomber de douleur. Il lui baisait les yeux et le visage : « Belle amie, gémissait-il, à Dieu plaise que je cesse de porter des armes ou de vivre en ce monde ! C'est pour votre malheur que vous m'avez vu ! Vous auriez été reine sans cet amour loyal et pur que vous m'avez porté. Pour vous, mon cœur est plein de tristesse. Le jour de vos funérailles, j'entrerai dans un ordre monastique et j'irai chaque jour sur votre tombe afin d'apaiser ma peine. » Il laissa alors la demoiselle et ferma la porte de la chapelle. Il envoya un messager chez lui pour annoncer à sa femme qu'il revenait, mais qu'il était à bout de force. Débordant de joie à cette nouvelle, son épouse se prépara pour aller à sa rencontre et accueillit son mari avec effusion. Mais elle n'y trouva que peu de joie car il était sombre et ne lui adressa aucune parole de tendresse. Personne n'osa lui parler bien qu'il ne quittât pas la maison de la journée. Le lendemain, il écouta la messe le matin avant de partir seul. Il se rendit dans la forêt, à la chapelle où reposait la demoiselle. Il la trouva toujours inanimée. Mais ce qui lui sembla extraordinaire, c'était qu'elle conservait ses couleurs : elle avait seulement un peu pâli. Il pleura amèrement et pria pour le repos de l'âme de son amie avant de rentrer chez lui.

Or, un jour, à la sortie de l'église, sa femme le fit surveiller ; elle demanda à l'un de ses serviteurs de suivre son mari de loin afin de voir où il se rendait et lui promit pour cela une bonne récompense : des armes et des chevaux. Il exécuta ses ordres ; il entra dans la forêt, suivit Éliduc sans se faire voir, observa bien, vit son maître s'introduire dans la chapelle et l'entendit se livrer à sa douleur. Avant qu'Éliduc ne fût sorti, il revint chez sa maîtresse et lui raconta tout ce qu'il avait entendu, notamment la douleur, les cris, les plaintes auxquels se livrait son mari dans l'ermitage. Bouleversée, la dame dit : « Nous irons fouiller l'ermitage tout à l'heure car il me semble que mon mari doit s'absenter aujourd'hui pour se rendre à la cour du roi et lui parler. L'ermite qu'il aimait beaucoup est mort récemment, mais je ne pense pas qu'il soit la cause d'un un tel chagrin. » Et elle en resta là.

Le jour même, après midi, lorsqu'Éliduc partit pour aller voir le roi, son épouse se fit conduire à l'ermitage par son serviteur. En entrant dans la chapelle, elle aperçut le lit de la jeune fille qui ressemblait à une rose fraîchement éclose. Elle releva sa couverture et vit ses formes parfaites, ses longs bras, ses blanches mains et ses doigts minces et longs. Elle comprit alors la véritable cause du deuil de son mari. Elle fit signe au serviteur de s'avancer et lui montra la merveilleuse jeune fille. « Vois-tu, dit-elle, cette femme belle comme une pierre précieuse ? C'est l'amie de mon mari, celle pour qui il éprouve tant de souffrances. Ma foi, je ne m'en étonne pas, elle est si belle ! Elle m'inspire tant de pitié et d'affection que je ne connaîtrai jamais plus la joie ! » Elle se mit à pleurer et à se lamenter sur la défunte. Elle s'assit en larmes devant le lit lorsqu'une belette sortit en courant de dessous l'autel. Le serviteur, la voyant courir sur le corps de la morte, la frappa et la tua d'un coup de bâton puis il la jeta au milieu de la nef. Peu après, la compagne de la bête accourut et la vit étendue sur la place. Tournant autour d'elle, elle la poussa plusieurs fois de sa patte et, ne pouvant la faire se lever, elle montra des signes de douleur. Puis elle sortit de la chapelle, alla dans la forêt chercher des herbes, prit entre ses dents une fleur vermeille, revint rapidement et la mit dans la bouche de la belette tuée par le serviteur. Celle-ci ressuscita aussitôt. La dame le vit et cria au serviteur : « Retiens-la ! Lance ton bâton, il ne faut pas qu'elle nous échappe ! » Il lança son bâton, l'atteignit d'un coup qui fit tomber la petite fleur. La dame se leva, prit la fleur, revint aussitôt sur ses pas et la déposa dans la bouche de la belle jeune fille. La fleur n'y resta qu'un court instant car la demoiselle revint à elle et se mit à respirer. Puis, ouvrant les yeux, elle commença à parler. « Dieu, s'écria-t-elle, comme j'ai dormi longtemps ! » Quand la dame l'entendit parler, elle remercia Dieu et demanda à la jeune fille qui elle était.

« Dame, répondit-elle, je viens de Logres, je suis la fille d'un roi de ce pays. J'ai passionnément aimé un chevalier, Éliduc, un valeureux guerrier. Il m'a emmenée avec lui mais il a commis un péché en me trompant, car il a une femme ; il ne me l'a pas dit et n'en a rien laissé paraître. Quand j'ai entendu parler de son épouse, je me suis évanouie de douleur. Il m'a lâchement abandonnée, seule dans une terre étrangère ; il m'a trahie, je ne sais pourquoi. Bien folle est celle qui se fie à un homme !

— Ma belle, lui répondit la dame, il est inconsolable. Il croit en effet que vous êtes morte et vit dans une immense détresse. Il vient vous contempler chaque jour et vous trouve évanouie. Je suis son épouse et il me cause bien du chagrin ; voyant son désespoir, j'ai voulu savoir où il allait. Je l'ai suivi et je vous ai trouvée. Vous êtes vivante, ce qui me comble de joie. Je vais vous emmener avec moi et vous rendre à votre ami. Je veux tout lui pardonner, puis je prendrai le voile. »

Ainsi, la dame la réconforta et l'emmena avec elle.

Elle prévint son serviteur et l'envoya à la recherche de son mari qu'il finit par trouver. Il le salua poliment et lui raconta ce qui s'était passé. Éliduc monta à cheval sans attendre ses compagnons et arriva chez lui à la nuit tombée. En retrouvant son amie vivante, il remercia tendrement sa femme. Éliduc reprenait goût à la vie et était plus heureux que jamais. Il couvrit de baisers la jeune fille qui les lui rendit : tous deux s'abandonnèrent à leur joie. Quand la dame les vit réunis, elle demanda à son mari la permission de se séparer de lui pour devenir religieuse et servir Dieu. Elle désirait qu'il lui cédât une partie de sa terre, afin qu'elle fondât une abbaye, et qu'il prît pour femme celle qu'il aimait tant, parce qu'il n'était ni moral ni convenable qu'il eût deux femmes et que la religion s'y opposait. Éliduc consentit à tout et lui donna une partie de sa terre. Dans la forêt près du château, il fit bâtir un monastère à l'endroit où se trouvait la chapelle de l'ermitage. Il alloua à sa femme de vastes terres et d'importantes sommes d'argent afin qu'elle disposât de tout le nécessaire. Quand tout fut prêt, la dame prit le voile, entourée de trente religieuses, et fixa la règle de son ordre [1].

Éliduc épousa son amie. Le jour des noces, la fête se déroula avec beaucoup de faste et de cérémonie. Ils vécurent longtemps ensemble, unis dans un parfait amour. Ils distribuèrent sans compter aumônes et sommes d'argent et se consacrèrent finalement à Dieu. Avec beaucoup de soin et d'attention, Éliduc fit construire de l'autre côté du château une église pour laquelle il donna presque toute sa terre, son or et son argent. Il y plaça certains de ses vassaux et des hommes de haute spiritualité afin de maintenir la règle et régir le couvent.

Quand les travaux furent terminés, il les rejoignit et s'associa à eux pour servir Dieu tout-puissant. Il plaça sa nouvelle épouse qu'il aimait tant auprès de sa première femme qui l'accueillit comme une sœur et la traita avec beaucoup d'égards, en l'encourageant à servir Dieu et en lui enseignant la règle de son ordre. Elles priaient Dieu pour leur ami, en lui demandant de

---

1. La règle d'un ordre religieux définit la manière dont ceux qui y appartiennent doivent se conduire.

lui accorder tout son pardon tandis que, de son côté, il priait pour elles. Il leur envoyait ses messagers pour prendre de leurs nouvelles et savoir si chacune avait trouvé du réconfort. Chacun de ces trois êtres s'appliquait à aimer Dieu dans une foi sincère. Ils eurent une belle mort par la grâce de Dieu, qui seul connaît l'avenir.

Frêne

Il était une fois en Bretagne deux chevaliers qui étaient voisins. C'étaient deux seigneurs puissants et riches, et deux chevaliers vaillants. Ils étaient parents et originaires de la même région. Tous deux étaient mariés. L'épouse de l'un tomba enceinte et mit au monde deux enfants. Son mari en fut très heureux. Dans sa joie, il fit savoir à son bon voisin que sa femme avait eu deux fils : de quoi accroître sa maison ! Il lui envoya un messager pour lui annoncer qu'il serait parrain de l'un des deux et lui donnerait son nom.

Le puissant seigneur était à table quand le messager arriva. Celui-ci mit un genou à terre et transmit la nouvelle. Le seigneur en remercia Dieu et fit cadeau d'un beau cheval au messager. Mais la femme du chevalier, qui était attablée à son côté, se mit à rire ; c'était une femme sournoise et orgueilleuse, envieuse et médisante. Elle parla sans réfléchir et dit en présence de tous ses gens : « Mon Dieu ! Je m'étonne de l'idée qu'a eue ce bon seigneur : annoncer à mon mari ce qui fait sa honte ! Sa femme a eu deux fils : tous les deux en sont déshonorés car nous savons bien qu'une femme ne peut avoir deux enfants à la fois, à moins d'avoir trompé son époux avec un autre homme. » Son mari la regarda et lui reprocha sévèrement ses propos. « Dame, s'écria-t-il, cessez donc ! Rien ne vous autorise à parler de la sorte. Cette dame a toujours été une femme très honnête. »

Les gens de la maison rapportèrent ces paroles qui furent connues, répétées et divulguées dans toute la Bretagne. Elles valurent à la dame médisante de se faire détester. Elle-même dut plus tard en subir les tristes conséquences ! Le porteur du message raconta tout à son maître. En entendant son récit, celui-ci en fut chagriné et ne sut que faire. Il commença à rejeter son honnête femme, la soupçonna méchamment et la persécuta, alors qu'elle ne le méritait pas.

La même année, la dame médisante tomba enceinte de deux enfants. Sa voisine était bien vengée ! Elle les porta jusqu'à son terme et accoucha, à son grand désespoir, de deux filles. Dans sa désolation, elle se lamentait : « Hélas, se demandait-elle, que faire ? Je suis déshonorée. Mon mari et toute sa famille n'auront plus jamais confiance en moi, quand ils apprendront ce qui m'est arrivé. Je me suis condamnée moi-même en disant du mal de toutes les femmes. N'ai-je pas indiqué qu'une femme ne peut avoir de jumeaux, à moins d'avoir trompé son mari avec un autre homme ? Et c'est à mon tour d'en avoir ! Le pire des malheurs vient de tomber sur moi. Qui médit d'autrui sans reculer devant le mensonge ne sait pas ce qui l'attend ! Pour me préserver de la honte, il me faut tuer l'un des deux enfants. J'aime mieux répondre de ce crime devant Dieu que connaître le déshonneur. » Ses femmes la réconfortaient et disaient qu'elles s'y opposeraient.

La dame avait une suivante de noble naissance qu'elle gardait et élevait depuis longtemps, et qu'elle chérissait. Celle-ci entendit sa maîtresse pleurer et se plaindre amèrement. Elle en fut profondément touchée et voulut la consoler. « Dame, dit-elle, cessez de vous désoler. Donnez-moi donc une des enfants, je vous en débarrasserai et vous échapperez au déshonneur. Vous ne la verrez plus jamais car je l'emporterai saine et sauve pour la déposer à la porte d'un monastère. Un brave homme la trouvera et, si Dieu le veut, se chargera de l'élever. » Grandement soulagée par cette proposition, la dame lui promit que, si elle lui rendait ce service, elle en recevrait une belle récompense. Elles enveloppèrent l'enfant dans un morceau de toile de lin et la couvrirent d'un tissu de soie décoré de rosaces que le seigneur avait rapporté à sa femme d'un séjour à Constantinople ; on n'en avait jamais vu d'aussi beau. Avec un de ses lacets, la mère attacha au bras de l'enfant une lourde bague d'une once [1] d'or pur ornée d'une hyacinthe [2]. Autour de l'anneau était gravée une

1. Ancienne mesure de poids valant environ trente grammes.
2. Pierre précieuse de couleur jaune rougeâtre.

inscription. Ainsi, ceux qui trouveraient l'enfant sauraient qu'elle était de noble famille. La demoiselle prit la petite fille et sortit de la ville à la nuit tombée. Elle s'engagea sur un grand chemin menant à la forêt. Elle traversa les bois avec l'enfant sans s'écarter de la route. Au loin, à sa droite, elle entendit des chiens aboyer et des coqs chanter : elle pensa trouver une ville et marcha d'un bon pas dans cette direction. La demoiselle pénétra dans une riche et belle cité dans laquelle se trouvait une opulente abbaye. Des nonnes y vivaient sous la conduite d'une abbesse. La jeune fille vit le bâtiment et s'en approcha en toute hâte. Elle s'arrêta devant la porte et posa à terre l'enfant qu'elle portait. Elle s'agenouilla humblement et se mit à prier : « Seigneur, si telle est ta volonté, préserve cette enfant de la mort. » Sa prière achevée, elle jeta un regard derrière elle et vit un frêne à l'épais feuillage et aux nombreux rameaux. On l'avait planté là pour avoir de l'ombre. La demoiselle prit l'enfant dans ses bras, la déposa dans l'arbre et l'abandonna, en la recommandant à Dieu. Puis elle s'en retourna raconter à la dame ce qu'elle avait fait.

Il y avait à l'abbaye un homme chargé d'ouvrir la porte de l'église par laquelle entraient ceux qui voulaient assister à la messe. Cette nuit-là, il se leva tôt, alluma les chandelles et les lampes, sonna les cloches et ouvrit la porte. Dans le frêne, il aperçut une étoffe et pensa que quelqu'un l'avait volée et cachée là. Abandonnant sa tâche, il se précipita vers l'arbre, tâta

l'étoffe, et découvrit l'enfant. Remerciant Dieu, il le prit et retourna à son logis. Sa fille avait perdu son mari et allaitait encore son enfant. Le brave homme l'appela : « Ma fille, dit-il, levez-vous ! Levez-vous ! Allumez-moi du feu et une chandelle : je vous ai apporté un enfant que j'ai trouvé dehors dans le frêne. Donnez-lui de votre lait, réchauffez-le et soignez-le. » Elle obéit, alluma le feu, prit la petite fille, la réchauffa et la baigna, puis elle lui donna de son lait. À son bras, elle trouva l'anneau et, à la vue du riche et beau tissu de soie, ils comprirent qu'elle était, sans nul doute, issue d'une noble famille. Le lendemain, après l'office, quand l'abbesse sortit de l'église, le portier lui parla de l'enfant et lui raconta comment il l'avait trouvée. L'abbesse lui ordonna de la lui apporter. Le portier retourna chez lui chercher l'enfant qu'il montra à l'abbesse. Celle-ci la regarda avec attention et annonça qu'elle se chargerait de l'élever en la faisant passer pour sa nièce. Elle interdit formellement au portier de dévoiler ce secret. Elle devint sa marraine et l'appela Frêne parce qu'elle avait été trouvée dans le frêne.

La dame la traita comme sa nièce et son secret fut longtemps gardé. La demoiselle fut élevée dans l'enceinte de l'abbaye. Quand elle fut à l'âge où Nature forme la beauté, il n'y avait en Bretagne plus belle ni plus courtoise demoiselle. Ses manières et son langage témoignaient de sa noblesse et de sa bonne éducation.

Ceux qui la voyaient ne pouvaient s'empêcher de l'aimer et de la couvrir d'éloges.

Or, il y avait à Dol le meilleur des seigneurs. Il s'appelait Goron. Il entendit parler de la jeune fille et se prit d'amour pour elle. Il alla un jour à un tournoi et, au retour, passa par l'abbaye. Lorsqu'il demanda à voir la demoiselle, l'abbesse y consentit. Il la vit, belle et bien élevée, sage, courtoise et distinguée, et se dit que, s'il ne réussissait pas à se faire aimer d'elle, il serait bien malheureux ! Éperdu, il ne savait comment s'y prendre car, s'il multipliait ses visites, l'abbesse finirait par se douter de quelque chose et il ne pourrait plus jamais voir la jeune fille. L'idée lui vint de faire des dons à l'abbaye et de lui céder de nombreuses terres : c'était un moyen pour y revenir et y séjourner. Il retourna à l'abbaye à plusieurs reprises, s'entretint avec la demoiselle et la pressa par tant de prières et de promesses qu'elle accueillit favorablement sa déclaration. Un jour, quand il fut sûr de son amour, il lui dit : « Ma belle, je suis désormais votre ami. Venez habiter avec moi. Vous vous en doutez, si votre tante s'apercevait de nos relations, elle en serait très mécontente. Et si vous tombiez enceinte chez elle, sa colère serait terrible. Venez donc vivre chez moi. Je ne vous abandonnerai jamais et vous ne manquerez de rien. » La demoiselle, qui l'aimait profondément, accepta et partit avec lui dans son château. Elle emporta son étoffe de soie et son anneau qu'elle gardait avec elle dans un coffre. L'abbesse les lui avait donnés et lui avait raconté les circonstances dans lesquelles elle avait jadis été trouvée. Le chevalier qui l'emmena l'aima et la chérit tendrement. Tout le monde appréciait la jeune fille, l'estimait et l'honorait pour la noblesse de son caractère. Goron vécut longtemps au côté de la demoiselle, jusqu'au jour où ses vassaux se mirent à le lui reprocher. Plus d'une fois ils l'incitèrent à épouser une femme noble et à se débarrasser de Frêne. Ils voulaient qu'il eût un héritier qui, après sa mort, pût posséder sa terre et son bel héritage. Ils ajoutèrent que ce serait un grand dommage pour eux si, à cause de sa maîtresse, il renonçait à avoir un enfant d'une épouse légitime. S'il ne tenait pas compte de leur volonté, ils ne le considéreraient plus comme leur seigneur et ne le serviraient qu'à contrecœur. Le chevalier leur promit de prendre pour femme celle qu'ils lui conseilleraient : c'était à eux de la choisir ! « Seigneur, dirent-ils, il y a, près de chez nous, un homme de bien qui est votre pair et qui a une fille pour héritière. Avec lui vous pourrez accroître considérablement votre domaine. La demoiselle se nomme Coudrier [1] et c'est la plus belle du pays. Nous irons demander sa main et, si Dieu le veut, nous vous la donnerons pour femme. » Ils arrangèrent ce mariage qui fut approuvé de tout le monde. Quand Frêne apprit la nouvelle, elle ne laissa

1. Employé comme nom commun, le mot désigne un noisetier. Les jumelles portent donc toutes les deux un nom d'arbre.

rien paraître, continua à servir son seigneur avec dévouement et à se montrer respectueuse avec ses gens. Les chevaliers de la maison de Goron, tout comme ses serviteurs et ses domestiques, éprouvèrent un grand chagrin à l'idée de la perdre.

Au jour fixé pour les noces, Goron invita ses amis. L'archevêque de Dol, son vassal, était présent. On amena à Goron son épouse. Elle était accompagnée de sa mère qui craignait que la jeune femme que Goron aimait tant ne fît du tort à sa fille auprès de son futur mari. Elle pensait s'en débarrasser en conseillant à son gendre de la marier à un bon chevalier.

Les noces furent somptueuses. Frêne resta dans les appartements privés ; elle ne manifesta ni peine ni colère. Elle remplit son office auprès de la nouvelle dame avec délicatesse et attention au point d'étonner ceux et celles qui la voyaient faire. La mère de la mariée ne cessait de l'observer avec estime et affection. Elle se disait que, si elle avait su quelle femme était Frêne, jamais elle ne lui aurait enlevé son ami pour le donner à sa fille.

La nuit venue, Frêne s'occupa de préparer le lit de la mariée. Elle appela les chambellans et leur montra comment faire le lit selon les goûts de son seigneur car elle les connaissait bien. Une fois le lit fait, ils jetèrent par-dessus un couvre-lit qui consistait en une vieille étoffe de soie tissée d'or. Mais Frêne en jugea la facture médiocre. Elle ouvrit son coffre, en retira son étoffe de soie et la posa sur le lit de son seigneur pour lui faire honneur. Quand les serviteurs eurent quitté la chambre, la mère amena sa fille pour la mettre au lit. Elle remarqua l'étoffe sur le lit car elle n'en avait jamais vu d'aussi belle, excepté celle dont elle avait enveloppé la fille qu'elle avait cachée à sa naissance. À ce souvenir, elle frémit d'émotion et appela le chambellan :

« Dis-moi sans mentir où on a trouvé cette belle étoffe.

— Dame, répondit-il, c'est la demoiselle Frêne qui l'a apportée et qui l'a jetée sur le couvre-lit qui ne lui semblait pas assez beau. Je crois qu'il lui appartient. »

La dame fit venir la jeune fille. Elle l'interrogea : « Chère amie, ne me cachez rien, où avez-vous trouvé cette belle étoffe de soie ? D'où vient-elle ? Qui vous l'a donnée ? » La jeune fille lui répondit :

« Dame, c'est ma tante, l'abbesse qui m'a élevée, qui me l'a remise en me recommandant de la garder. Ceux qui m'ont envoyée à elle pour qu'elle m'élève m'ont donné cette étoffe et un anneau.

— Belle, puis-je voir l'anneau ?

— Oui, dame, avec plaisir ! »

Elle lui apporta l'anneau et la dame l'examina avec attention ; elle le reconnut parfaitement, tout comme l'étoffe qu'elle avait vue. Ses doutes s'envolèrent et elle comprit que la demoiselle était sa fille. Devant tous, elle déclara sans détour : « Chère amie, tu es ma fille ! » Et, sous le coup de l'émotion, elle perdit connaissance.

Quand elle revint à elle, elle envoya chercher son mari qui accourut. Lorsqu'il entra dans la chambre, elle tomba à ses pieds, qu'elle couvrit de baisers, et implora son pardon pour le mal qu'elle avait commis. Il ignorait tout de cette affaire et s'étonna :

« Dame, que dites-vous ! Nous nous entendons si bien ! Je vous pardonne tout ce que vous voulez. Dites-moi votre désir !

— Seigneur, puisque j'ai votre pardon, je vais tout vous dire, écoutez-moi. Jadis, dans ma très grande méchanceté, j'ai tenu des propos insensés sur ma voisine, au sujet de ses deux enfants. Mais c'est de moi que je disais du mal : lorsque je suis tombée enceinte, j'ai mis au monde deux filles. J'en ai caché une. Je l'ai fait déposer dans un couvent avec notre étoffe de soie et l'anneau que vous m'aviez donné lors de notre première rencontre. Je ne veux plus rien vous cacher : je viens de retrouver l'étoffe et l'anneau. J'ai reconnu notre fille que j'avais perdue par ma folie : c'est la demoiselle si honnête, si sage et si belle, qui était aimée du chevalier qui vient d'épouser sa sœur ! »

Son mari répondit : « Je me réjouis, puisque nous avons retrouvé notre fille ! Ma fille, dit-il, approchez-vous. » En entendant cette révélation, la demoiselle fut au comble de la joie. Sans plus attendre, son père alla lui-même trouver son gendre et amena l'archevêque à qui il raconta toute l'affaire. Informé de la situation, le chevalier Goron ressentit un immense bonheur.

L'archevêque décida que, pour cette nuit, on s'en tiendrait là et que, le lendemain, il annulerait le mariage et unirait Frêne et Goron. Tous acquiescèrent. Le lendemain, le mariage fut déclaré nul et Goron épousa Frêne dont le père lui accorda la main. Plein d'amour pour elle, il lui donna la moitié de son héritage. Les deux parents assistèrent aux noces de leur fille, comme il convenait. Quand ils rentrèrent dans leur pays, ils emmenèrent Coudrier, leur autre fille, qui, par la suite, fit un riche mariage.

Le chèvrefeuille

Voici l'histoire de Tristan et de la reine Iseut, de leur amour si parfait, qui leur valut tant de souffrances et dont ils moururent le même jour. Le roi Marc, à cause de l'amour que son neveu Tristan portait à la reine, le bannit de son royaume. Tristan regagna le sud du pays de Galles, où il était né, et y demeura une année entière, car il avait l'interdiction de revenir.

Son exil loin de la reine rendait Tristan sombre et pensif. Aussi finit-il par quitter son pays pour retourner en Cornouailles où vivait la reine. Arrivé en Cornouailles, il se réfugia seul dans la forêt pour échapper à tous les regards. Il en sortit le soir, quand vint le moment de trouver un abri, et logea pour la nuit chez des paysans à qui il demanda des nouvelles du roi. Ils lui dirent ce qu'ils avaient entendu : que les barons étaient convoqués à Tintagel car le roi désirait y tenir sa cour, qu'ils y seraient tous pour la Pentecôte, qu'il y aurait une grande fête à cette occasion et que la reine accompagnerait le roi.

Tristan se réjouit de cette nouvelle : la reine ne pouvait se rendre à Tintagel sans qu'il la voie passer. Aussi, le jour où le roi se mit en route, Tristan retourna dans la forêt et attendit près du chemin que devait emprunter le cortège. Il coupa par le milieu une branche de coudrier, l'équarrit et y grava son nom : si la reine faisait un peu attention – et elle avait déjà été attentive à plusieurs reprises à ce genre de signal –, elle reconnaîtrait facilement un message de son amant, quand elle le verrait. Voici ce que disait le message qu'il avait écrit : « Je suis ici depuis longtemps, j'attends, j'épie et je cherche le moyen de vous voir, car je ne puis vivre sans vous. Nous sommes comme le chèvrefeuille qui s'attache au coudrier : une fois qu'il l'a enlacé et qu'il s'est enroulé autour de sa tige, ils peuvent vivre longtemps ensemble ; mais si l'on tente de les séparer, le coudrier et le chèvrefeuille meurent rapidement. Belle amie, il en est ainsi de nous : je ne puis vivre sans vous, ni vous sans moi. »

La reine, passant à cheval, regarda le chemin en pente, vit le bâton et en distingua toutes les lettres. Elle ordonna alors aux chevaliers qui l'accompagnaient de s'arrêter, prétextant qu'elle voulait se reposer. Ils obéirent et mirent pied à terre. Elle s'éloigna alors de sa suite et appela sa servante, Brangien, qui lui était entièrement dévouée. Elle s'écarta un peu du chemin et retrouva dans la forêt celui qu'elle aimait plus que tout au monde. Tous deux profitèrent de ce moment. Il lui parla librement et elle lui ouvrit son cœur, lui racontant combien elle avait eu de la peine quand le roi l'avait banni. Puis elle lui indiqua comment se réconcilier avec lui.

Lorsque vint le moment de se séparer, ils ne purent retenir leurs larmes. La reine repartit et, de son côté, Tristan retourna au pays de Galles et y demeura jusqu'à ce que son oncle le rappelât.

Toutefois, en souvenir de la joie qu'il avait ressentie en retrouvant son amie et du message qu'il lui avait adressé, Tristan, qui était bon musicien et jouait de la harpe, composa ce lai. Les Anglais l'appellent *Gotelef*, les Français *Chèvrefeuille*.

Ferais-tu un preux chevalier ? une gente dame ?

Après avoir côtoyé Lanval, Guenièvre et les autres, c'est à ton tour de vivre les aventures d'un preux chevalier ou d'une gente dame. Pour y parvenir, il te faut un dé à six faces… Et toutes les qualités requises !

Es-tu prêt ? Ce jeu est simple : chaque épisode est numéroté. Commence par le premier puis suis les indications données. Si tu fais les bons choix, tu finiras preux chevalier ou gente dame. Sinon… il te faudra recommencer ! Mais courage, la ténacité est souvent récompensée dans les récits du Moyen Âge !

1. Tu es le dernier enfant d'une modeste famille de paysans.
Si tu es une fille, va en 2.
Si tu es un garçon, va en 3.

2. Alors que le jour ne s'est pas encore levé et que le brouillard recouvre ton hameau et ses environs, tu dois, comme chaque matin, te rendre dans la forêt pour aller chercher de l'eau au puits. Non loin du puits, tu rencontres une vieille femme en haillons qui te demande de l'aide : elle veut, elle aussi, puiser de l'eau mais elle n'y arrive pas car elle est trop faible.

Si tu refuses de l'aider, va en 4.

Si tu acceptes de l'aider, va en 6.

3. Un jour, alors que tu te promènes en forêt pour ramasser du bois, tu entends des cris. C'est une jeune fille, chevauchant un magnifique palefroi, qui est attaquée par des brigands.

Si tu décides de fuir, va en 5.

Si tu décides de défendre la jeune fille, quoi qu'il t'en coûte, va en 7.

4. Tu n'es pas courtoise : tu n'es pas une gente demoiselle.

5. Tu manques de courage : tu n'es pas un preux chevalier.

6. Tu aides la vieille femme mais, à ta grande surprise, lorsque tu lui tends son seau plein d'eau, tu trouves à sa place une dame aux cheveux d'or magnifiquement vêtue. Cette dernière te félicite pour ta courtoisie et te propose de devenir sa suivante au château.

Si tu refuses, va en 8.

Si tu acceptes, va en 10.

7. Tu te jettes dans la mêlée en brandissant un bâton et en hurlant. Le combat fait rage : ils sont nombreux mais tu es plus rapide qu'eux.

Lance un dé :

* Si tu fais 1, 2 ou 3, va en 9.
* Si tu fais 4, 5 ou 6, va en 11.

8. Tu manques de noblesse : tu n'es pas une gente demoiselle.

9. Après avoir défait deux brigands, tu es sévèrement blessé. Heureusement, l'escorte de la jeune fille arrive en renfort et s'occupe des deux brigands encore vaillants.

Va en 13.

10. Tu acceptes de la suivre et de devenir l'une de ses suivantes au château. Elle t'y emmène, t'offre de beaux vêtements et te présente aux habitants du lieu. Quelque temps plus tard, lors d'une promenade dans un verger, un chevalier, très riche mais très laid et très vieux, te déclare son amour et te demande de devenir son amie.

Si tu acceptes pour profiter de son argent, va en 12.

Si tu refuses, va en 14.

11. Tu défais deux brigands. Les deux autres, apeurés, fuient.

Va en 13.

12. Tu es trop cupide : tu n'es pas une gente demoiselle.

13. La jeune fille te remercie de l'avoir sauvée. Tu apprends avec surprise qu'elle est la fille du seigneur de cette contrée. Afin de te récompenser, elle t'invite au château. Le seigneur, impressionné par ton courage, propose de t'adouber pour faire de toi un chevalier.

Si tu refuses, va en 15.

Si tu acceptes, va en 17.

14. Le chevalier exprime tout le chagrin que lui cause ton refus : il pleure, se met à genoux et te supplie.

Si tu te moques de lui, va en 4.

Si tu prends pitié de lui et le consoles gentiment, va en 16.

15. Tu manques d'ambition : tu n'es pas un preux chevalier.

16. Le chevalier est très triste à cause de ton refus, mais il surmonte sa peine. Devant sa réaction, tu te sens moins coupable et retrouves le bonheur. Quelque temps plus tard, le château est assiégé et le seigneur a réuni tous ses chevaliers pour repousser l'ennemi. Tu as remarqué parmi eux un chevalier, très beau mais très pauvre. Avant de partir au combat, celui-ci te demande un gage d'amour afin de lui porter chance.

Si tu refuses à cause de sa pauvreté, va en 12.

Si tu acceptes, va en 18.

17. Une fois adoubé, tu vis à la cour du seigneur. Lors d'un banquet, tu es remarqué par une belle jeune fille qui te fait parvenir un anneau et une ceinture en cadeau par son chambellan.

Si tu acceptes ses présents et t'en vantes dans toute la cour, va en 19.

Si tu acceptes ses présents en la remerciant et lui donnes un cadeau en échange, va en 21.

Si tu acceptes ses présents et décides de lui rendre visite pour la remercier, va en 23.

18. Ton chevalier part se battre. Dehors, le combat fait rage et tu crains terriblement pour sa vie.

Lance un dé :

* Si tu fais 1, 2 ou 3, il combat vaillamment mais est blessé. Va en 20.

* Si tu fais 4, 5 ou 6, il combat vaillamment et se fait remarquer par le seigneur. Va en 22.

19. Tu manques de courtoisie : tu n'es pas un preux chevalier.

20. Ton chevalier est blessé et te réclame à son chevet afin que tu le soignes.

Si tu refuses de t'occuper de lui, va en 24.

Si tu acceptes de lui consacrer de ton temps, va en 26.

21. La jeune fille vient te rendre visite pour te remercier de ton présent.

Si tu l'accueilles, va en 23.

Si tu as autre chose à faire et que tu ne la reçois pas, va en 19.

22. Ton chevalier revient couvert de gloire, d'honneurs et de récompenses.

Va en 26.

23. Pendant votre entrevue, la jeune fille t'offre son amour.

Si tu te moques d'elle, va en 19.

Si tu acceptes mais que tu refuses de l'embrasser pour ne pas enfreindre la loi de Dieu, va en 27.

Si tu acceptes et la demandes officiellement en mariage, va en 25.

24. Tu manques de compassion : tu n'es pas une gente demoiselle.

25. Ton seigneur écoute ta demande en mariage et se montre favorable mais il t'impose une épreuve pour tester ton amour et ta loyauté.

Va en 27.

26. Il te demande en mariage.

Si tu refuses car tu recherches un époux plus riche et plus noble, va en 12.

Si tu acceptes, va en 28.

27. Tu n'attends qu'une bonne occasion de montrer ta valeur à la jeune fille qui t'a offert son amour. C'est alors qu'un félon ravage les terres de ton seigneur. Celui-ci te demande ton aide pour le combattre et sauver ses terres.

Si tu refuses, va en 29.

Si tu acceptes, va en 31.

28. Vous vous mariez : c'est une fête magnifique à laquelle assistent le roi et la reine. Ils vous offrent des appartements au château. Mais, peu de temps après, sur ordre de son seigneur, ton époux doit partir à la guerre pour protéger la contrée. Pour célébrer les hauts faits des chevaliers, la sœur du roi décide de coudre une tapisserie racontant leurs exploits. Ayant remarqué tes talents de couturière, elle te propose de travailler avec elle et quelques-unes de ses suivantes sur cet ouvrage.

Si tu refuses, va en 8.

Si tu acceptes, va en 30.

29. Tu manques de loyauté : tu n'es pas un preux chevalier.

30. Chaque jour, tu viens donc aider la sœur du seigneur et ses suivantes à accomplir leur belle tapisserie.

Lance un dé :

* Si tu fais 1, 2 ou 3, va en 32.

* Si tu fais 4, 5 ou 6, va en 34.

31. Tu pars à la guerre pour aider ton seigneur. Le jour de la bataille finale, vous devez affronter le félon et ses chevaliers. Alors que la bataille fait rage, tu dois faire face à l'ennemi et charger.

Si tu prends peur et fuis te cacher, va en 5.

Si tu te bats valeureusement, va en 33.

32. Tu te piques le doigt à de nombreuses reprises.

Si tu te mets en colère et déchires ton ouvrage, va en 36.

Si tu prends patience et continues à coudre avec calme, va en 38.

33. Tu charges et te jettes dans la mêlée.

Lance un dé :

* Si tu fais 1, 2 ou 3, va en 35.
* Si tu fais 4, 5 ou 6, va en 37.

34. La sœur du seigneur apprécie ton travail et te remercie chaleureusement.

Si tu t'en vantes dans toute la cour, va en 40.

Si tu t'en réjouis discrètement, va en 42.

35. Tu combats vaillamment mais tu es blessé. Tu as besoin de soins : la dame du seigneur se propose de venir te soigner.

Si tu acceptes d'être soigné par la dame de ton seigneur, va en 39.

Si tu préfères être soigné par ton amie, va en 41.

36. Tu es trop colérique : tu n'es pas une gente demoiselle.

37. Tu combats vaillamment et ton seigneur remporte, grâce à toi, une écrasante victoire. Vainqueur et glorieux, ton seigneur te récompense. Peu de temps après, tu reçois une visite de la dame de son seigneur.

Va en 39.

38. Tes doigts te font mal et saignent mais, à ta grande surprise, ton sang se change en rubis qui viennent décorer la tapisserie.

Va en 34.

39. Une fois seule avec toi, la dame de ton seigneur t'avoue son amour et te demande de devenir son ami.

Si tu acceptes, va en 29.

Si tu refuses et accuses publiquement la dame de ton seigneur d'infidélité, va en 19.

Si tu refuses et demandes publiquement la main de ton amie, va en 43.

40. Tu es trop vaniteuse : tu n'es pas une gente demoiselle.

41. Ton amie te soigne avec dévouement jusqu'à ce que tu ailles mieux. Au sortir de ta convalescence, tu demandes publiquement sa main et ton seigneur accepte bien volontiers.

Va en 47.

42. La sœur du seigneur veut te récompenser pour ton travail. Elle fait donner un banquet en ton honneur. Pendant ce banquet, un messager vient annoncer que la femme du seigneur voisin a eu des jumeaux. L'une des femmes présentes médit et suggère qu'elle a trompé son époux.

Si tu médis avec elle, va en 4.

Si tu prends la défense de la dame injustement accusée, va en 44.

43. Ton seigneur prend du temps pour réfléchir. Pendant ce temps, la reine, qui veut se venger de ton refus, t'accuse de trahison et demande que tu sois banni de la cour.

Si tu nies et l'insultes publiquement, va en 19.

Si tu cèdes à la colère et la gifles publiquement, va en 49.

Si tu vas demander l'appui de tes compagnons chevaliers pour témoigner de ton honneur et te disculper, va en 45.

44. Ébloui par tes qualités, un jeune chevalier, noble et beau, t'avoue son amour, te demande de devenir son amie et te fait cadeau d'un anneau.

Si tu acceptes le cadeau mais pas l'amour du chevalier, va en 12.

Si tu acceptes le cadeau et l'amour du chevalier, va en 46.

Si tu refuses et restes fidèle à ton époux, va en 48.

45. Tes compagnons chevaliers témoignent sous serment que tu es et que tu as toujours été loyal à l'égard de ton seigneur et qu'il s'agit d'une fausse accusation. Ton seigneur les croit et te disculpe de l'accusation. Il t'accorde également le droit de te marier avec ton amie.

Va en 47.

46. Le chevalier te presse de ses avances et te demande de fuir avec lui.

Si tu décides de t'enfuir avec lui par amour, va en 50.

Si tu décides de tromper ton époux en restant au château pour ne pas abandonner ta vie confortable, va en 12.

Si tu décides de vivre ton amour de manière spirituelle et refuses le moindre baiser du chevalier pour rester fidèle à ton époux, va en 48.

47. Lors des préparatifs de votre mariage, il fait donner une chasse. Pendant que les veneurs traquent le gibier, tu te perds dans la forêt et restes seul. Tout d'un coup, un animal terrifiant, mi-homme mi-loup, surgit mais il n'est pas agressif.

Si tu décides de le tuer, va en 49.

Si tu attends et observes l'animal, va en 51.

48. Ton époux revient de la guerre mais, malgré ton accueil chaleureux, il a l'air soucieux. Il ne répond jamais à tes questions et va souvent se promener dans la forêt voisine. Un jour, pour percer son secret, tu décides de le suivre. Tu le vois se diriger dans une chaumière et embrasser une belle jeune fille.

Si tu ne fais rien et décides de vivre ainsi le restant de tes jours, va en 8.

Si tu cèdes à la jalousie et cherches à te venger de la jeune fille, va en 56.

Si tu cèdes à la colère et cherches à te venger de ton époux, va en 58.

Si tu décides de parler à ton époux, va en 60.

49. Tu es trop brutal : tu n'es pas un preux chevalier.

50. Une nuit, alors que la lune est haute dans le ciel, tu t'enfuis avec ton ami pour vivre ton amour en toute liberté. Vous vous installez dans un petit village près de la mer. Pourtant, au fil des années, tu as mauvaise conscience.

Si tu décides de vivre jusqu'à ta mort dans le péché, va en 52.

Si tu décides de rechercher le pardon de Dieu, va en 54.

51. Tu vois que l'animal est blessé au côté. Il te guide jusqu'à une montagne et te fait comprendre qu'il te faut l'escalader.

Si tu refuses parce que tu as peur, va en 5.

Si tu acceptes, va en 53.

52. Tu ne respectes pas les lois de la religion chrétienne : tu n'es pas une gente demoiselle.

53. Tu commences à escalader la montagne.

Lance un dé :

* Si tu fais 1, 2 ou 3, tu tombes et tu perds connaissance. Va en 55.

* Si tu fais 4, 5 ou 6, tu parviens à escalader la montagne. Va en 57.

54. Tu décides de renoncer au monde pour mener une vie pieuse et sainte dans un couvent et te faire pardonner tes péchés. **Tu es définitivement une gente demoiselle**.

55. Lorsque tu te réveilles, tu es couché dans une magnifique chaumière. Un vieil homme, qui a veillé sur toi pendant que tu étais inconscient, t'invite à dîner. Tu vois qu'il prend dans un coffre une grande corne d'où sortent des plats somptueux, de la vaisselle en or et des verres de cristal. Après un merveilleux dîner, vous allez vous coucher.

Si tu te relèves dans la nuit pour voler la corne d'abondance, va en 59.

Si tu vas vraiment dormir, va en 61.

56. Afin de te venger, tu décides d'assassiner la jeune fille. Tu lui fais porter un panier de nourriture empoisonnée qui la tue. Mais ton époux est trop malheureux : il finit par mourir de chagrin.

Si tu décides de profiter de ta jeunesse et de ta richesse sans remords, va en 52.

Si, sous le poids du remords, tu décides de rechercher le pardon de Dieu, va en 54.

57. En haut de la montagne, tu ne trouves que des vêtements.

Si, en colère après la bête qui t'a fait escalader une montagne pour des vêtements, tu jettes les vêtements dans un gouffre, va en 49.

Si tu ramènes les vêtements à la bête, va en 63.

58. Afin de te venger, tu décides d'assassiner ton époux. Un soir, alors qu'il rentre fatigué et assoiffé de la chasse, tu lui présentes une coupe de vin empoisonnée. Il meurt et nul ne soupçonne ta culpabilité.

Si tu décides de profiter de ta jeunesse et de ta richesse sans remords, va en 52.

Si, sous le poids du remords, tu décides de rechercher le pardon de Dieu, va en 54.

59. Tu manques d'honnêteté : tu n'es pas un preux chevalier.

60. Choquée par son infidélité, tu décides de parler à ton époux lorsqu'il rentre.

Lance un dé :

* Si tu fais 1, 2 ou 3, il avoue sa trahison mais ne se repent pas. Va en 62.

* Si tu fais 4, 5 ou 6, il avoue sa trahison et se repent. Va en 64.

61. Le lendemain matin, tu prends congé du vieil homme. Une fois rentré chez toi, tu défais tes affaires et tu constates que la corne se trouve dans tes affaires. **Tu es bien un preux et courtois chevalier qui vivra riche et heureux avec son amie.**

62. Ton époux ne se repent pas et continue, plus ou moins discrètement à aller voir son amie.

Si tu cèdes à la colère et la jalousie, va en 58.

Si tu choisis de vivre à ton tour pleinement l'amour qui te lie à ton ami, va en 50.

Si tu choisis de te tourner vers Dieu, va en 54.

63. La bête prend les vêtements et va se cacher dans un buisson. Quelques minutes plus tard, un homme à l'air noble et richement habillé sort du buisson. Il s'agit du seigneur voisin. En récompense de ta courtoisie, il t'offre des terres et une partie de son bien. **Tu es bien un preux et courtois chevalier qui vivra riche et heureux avec son amie**.

64. Vaincu par ton chagrin et tes arguments, ton époux se repent. Il décide d'envoyer son amie au couvent et mène une vie très pieuse afin de se faire pardonner ses péchés. **Tu es une gente demoiselle**.

Petit lexique de civilisation médiévale

Baron : riche seigneur au service du roi, dont il fréquente la cour. Les barons sont parmi les vassaux les plus influents.

Bliaut : longue tunique de laine ou de soie portée par les hommes et les femmes.

Chambellan : noble servant de confident et d'homme de confiance au seigneur et à sa famille.

Connétable : noble s'occupant de l'armée du seigneur.

Contrée : terre possédant une unité géographique ou politique.

Courtois : noble et digne dans son attitude comme dans ses sentiments, qualités nécessaires à la vie de cour.

Courtoisie : ensemble des vertus nécessaires à la vie de cour.

Destrier : cheval de guerre.

Donjon : tour centrale d'un château fort servant de dernier refuge aux défenseurs.

Écuyer : jeune homme noble au service du chevalier, futur chevalier lui-même.

FÉLON : malhonnête, traître.

FÉLONIE : acte déloyal, traîtrise.

FIEF : portion de territoire donnée à un baron par son seigneur en échange de son serment de fidélité.

HOMMAGE : cérémonie au cours de laquelle le seigneur donne un fief à son baron qui lui jure fidélité.

PAGE : jeune homme noble servant un seigneur, un chevalier ou une dame.

PALEFROI : beau cheval de parade.

PREUX : valeureux, courageux, vertueux.

TENIR SA COUR : réunir sa cour, c'est-à-dire la noblesse entourant un seigneur et sa dame.

VASSAL : homme libre qui se place sous la protection d'un seigneur auquel il doit obéissance et dont il reçoit un fief.

VENEUR : chasseur qui pratique la chasse à courre (il poursuit le gibier à cheval et à l'aide de ses chiens).

Table

Mise en page par Meta-systems
59100 Roubaix

N° d'édition : L.01EHRN000291.C006
Dépôt légal : avril 2012
Imprimé en Espagne par Novoprint (Barcelone)